英雄大别山
创业草根人

守鸣

沪上徽商访谈录

HuShang HuiShang FangTanLu

李善敏 ◎ 主编

人民出版社

《沪上徽商访谈录》编委会

目录 Contents

序　\001

一、一个老广电的"百变"之路　\001

二、大海航行靠舵手　\029

三、追求诗与远方的教育企业家　\051

四、事业有方圆　大爱无极限　\079

五、前半生是历练　后半生是历史　\095

六、因为父亲的一句话　他从此爱上了养老事业　\111

七、从导师到伙伴的创业人生　\135

八、百折不挠敢为人先　\151

九、乘风破浪立潮头　\167

十、百折不挠　向使命出发　\185

十一、建设幸福企业　构建和谐社会　\203

后　记　\212

序

　　徽商崛起于皖南，鼎盛于明清，创造了世人瞩目的商业奇迹。徽商冲破重农抑商的禁锢，浮游四方，艰辛创业，贾道儒行，驰骋商海，其商业资本之巨、活动范围之广、经商能力之强、从贾人数之多、影响作用之大，均居中国各商人集团之首，创造了"无徽不成镇"的辉煌，赢得了"无徽不成商"的美誉。徽商的发展，推动了中国封建社会工商业的进步，谱写了彪炳千古的经济篇章。尤为可贵的是，从徽商发展历程中凝练出来的"进步、创新、合作、诚信"的徽商精神，体现了勇于开拓、坚韧不拔的创业意志，同心协力、相辅相成的团队观念，守信重诺、依律从商的契约意识，重义轻利、贾而好儒的人文品格。所有这些，展现了深厚的文化底蕴和杰出的商业创造，是中华民族传统商业文化的一朵瑰丽奇葩，给我们留下了宝贵的精神财富，至今依然具有深厚的现实意义。

　　在国际大都市上海，一批皖籍企业家们以他们传奇的创业色彩和聪明才智搏击商海，在各自的领域创造了新的商业奇迹，展现了新时代下徽商的新风采。

　　编辑《沪上徽商访谈录》这本书，着眼于新徽商的人生经历、创业思路、经营理念、企业规划，以及继承与发扬徽商文化精神。主要从新时代、新徽商、新风采三个层面展现了本书中11位沪上新徽商的创业精神和新时代的创业梦想、企业家的社会担当与使命、耳濡目染的家风家教传承，等等。

　　这本书的编者做的是一件卓具意义的事，他们把在上海创业有成的新徽商，以及他们所承担着继承和发展徽商传统的历史使命、让徽商的发展轨迹继续延续下去而不至于中断的努力记录下来、彰显出来，并传诸后世。

　　出版《沪上徽商访谈录》这本书，总结新徽商奋斗历程中的成功经验，宣传新徽商的突出贡献，弘扬我国具有优秀历史传统和时代精神的商业文化，具有极为重要的意义。世上没有两片相同的叶子，同样，也没有两个相同的企业家，每个人的创业史都是不可复制的历史，都有其独特的价值，都是宝贵的财富。这本书的价值也在于此。希望以此为起点，记录更多徽商的精彩篇章。

伍美诊

2018 年 1 月

一

一个老广电的『百变』之路

——记上海东方明珠新媒体股份有限公司副总裁、百视通网络电视技术发展有限责任公司总裁、上海文广互动电视有限公司总裁 史支焱

绚烂的东方明珠，是上海的地标。这座矗立在浦东陆家嘴的电视塔，是上海第一幢超高层建筑，曾经代表了上海的高度。而如今，东方明珠依旧挺拔，在它的身畔，一幢幢摩天大楼拔地而起，使得上海原有的天际线，向更高处伸展。

璀璨的东方明珠之夜，是上海向全国发出的邀请。前来欢聚的客人，来自广电、网台、电信、互联网，还有内容、渠道、技术、产业各方战略伙伴，群贤毕至，坐而论道，睿智的发言，前瞻的观点，这思想的火花，激情迸射，满溢在这流光溢彩的东方明珠之夜。

"我有一个梦想，每年夏天，整个视听产业界坐在一起，平等的交流，开放的对话。会场外就是陆家嘴，陆家嘴的故事告诉我们，分割地盘不如合盖高楼。"

这一句铿锵有力的发言，是2017年东方明珠之夜上，一块耀眼的光斑。发言者的脸上，写满了坚毅，他一直以敢言且健谈，著称于业界。

不忘初心，砥砺前行

采访过史支焱的人都有这样的感受，他很健谈，每一次的内容却很实在。在他看来，和采访者对话时跑"无轨电车"，是一件低效而不明智的事情，他会主动滤去那些杂乱无章的信息，把频道尽快切换到问题最核心的部分。

面对一些稍显莽撞的问题，史支焱不以为忤。看着面前年轻的采访者，史支焱眼前浮现的，全都是他当年的模样。

史支焱的媒体人生涯，开始于上海有线电视台。作为上海的第三家电视台（前两家分别是上海电视台和东方电视台），上海有线电视台开播于 1992 年 12 月 26 日，汇聚了一批充满朝气和梦想，富含职业理想的年轻人，史支焱就是这其中的一员。

也是从那时候开始，上海电视人迎来了一个波澜壮阔的黄金时代。电视新闻在这其中扮演了重要的角色，在传播速度上，电视新闻比报纸更快，而且因为有大量动态画面的存在，电视新闻比广播更形象。街头巷尾的谈资，也渐渐开始以"这是电视新闻讲的"为开篇或者结语，以示言论来源的权威。作为一名年轻的记者，史支焱奔波于采访一线，他为他的职业感到骄傲，他聆听了这个时代的强音，他亲历了这个时代的精彩。

直到今天，史支焱都难以忘却当年作为一名电视新闻记者的时光，也正是这份难忘，史支焱坚定地认为，无论在何时，电视都不会消亡。史支焱在接受媒体采访时一听到大屏电视消亡说，就皱起了眉头，"怎么可能没人看电视？"史支焱反问。虽然因为各种会议、调研，以及工作原因，史支焱现在很少坐在电视机前，但"只要有时间还是会坐下来看电视的"，不仅如此，"我小孩一直在看大屏电视，不会让他看手机的"。

身在这个激荡的大时代里，有的人是被时代推着前行，有的人落在了时代之后，有的人迷失，有的人证明了自己的价值。

因为种种原因，20世纪90年代后半期，史支焱还是放下了他的采访本，他接受了时代赋予他的全新挑战。资料显示，上海有线电视台被美国《世界有线电视》杂志评为1997年度世界最佳有线电视台，也恰是在那之后不久，史支焱完成了从采编岗位向管理岗位的转型，他被任命为上海有线电视台秘书科科长。

秘书科的主要工作，是列席重要会议，起草领导讲话，概而括之，就是当好领导的参谋。和记者大多数时候仅是接触单一采访事件不同，秘书科接触的面更宏观，需要更为全局的视野，以便做出更为准确的判断。

史支焱的转型很成功，通过在秘书科的历练，他的眼界更为开阔，思考问题也更为全面。更为难得的是，他一直没有放下媒体人的情怀，他只是选择了用另外一种方式坚守，选择了用另外一种方式，去审视他所深处的这个黄金时代。而这一切，都为他即将流光溢彩的职业生涯，铺就了一条光明大道。

天将降大任于斯人也，天时地利人和，缺一不可。

2001 年 4 月 19 日，根据政企分开和管办分离的要求，将上海市文广局下属的大部分事业单位，包括广播电台、电视台、影视制作机构、文艺院团、剧场等，合并组建为上海文化广播影视集团（俗称"大文广"）。同年 8 月，上海文化广播影视集团将旗下的上海电视台、上海东方电视台、上海有线电视台、上海人民广播电台、上海东方广播电台等单位合并组建为上海文广新闻传媒集团（俗称"小文广"，英文简称 SMG）。

一石激起千层浪。"大文广"和"小文广"的相继成立，在上海宣传系统内部，是堪比 1998 年成立文汇新民联合报业集团的大事件。由此派生出许多新的业务板块、新的经营实体，成立于 2001 年 12 月 31 日的上海文广互动电视有限公司（SiTV），就是其中之一。

作为中国最早从事数字电视和视频点播业务的经营实体之

一，上海文广互动电视有限公司在数字电视频道的运营，以及多媒体内容的提供和服务领域，较早地起步，并在全国范围内完成了布局。史支焱的职业生涯和上海文广互动电视有限公司，曾两次交集。

第一次，是出任上海文广互动电视有限公司副总经理。从采编岗位到管理岗位，从管理岗位再到一家经营实体的领导岗位，这是史支焱在上海有线电视台秘书科担任科长后，又一次对自己的职业生涯发起了挑战。

第二次，是在数年之后，史支焱在历任上海文广新闻传媒集团人力资源部副主任，上海精文投资有限公司（直属中共上海市委宣传部）总裁助理、副总裁后，再次回到上海文广互动电视有限公司，担任总经理。

史支焱在接受第一财经频道《远见》栏目专访的时候，曾感慨 SiTV 起步时的艰难，当时全国许多地方的网络改造进展缓慢，而观众普遍不愿为收看电视节目花钱，"大概用了差不多五六年的时间，在国家支持和市场培育下，总算是走上了正轨"。

2016 年，上海市证券交易所发布的一则公告显示："上海文广互动电视有限公司的主要经营范围为以互动方式在传输网络、网站中传播广播、影视节目及相应市场运营等。文广互动是东方明珠旗下从事数字电视和视频点播业务的经营实体，是我国目前规模最大的有线数字付费频道集成运营平台、数字电视频道运营商及多媒体内容提供商和服务商。东方明珠持有其68.07%股权。"

从起步时的艰难，到2016年的"我国目前规模最大"，上海文广互动电视有限公司的发展之路，实际上就是电视媒体的改革之路。

史支焱不仅见证了电视媒体的黄金时期，同样也亲历了电视媒体的改革期，新老业务的更替、新老人员的分流、各类资产的整合梳理，触及各个阵营的利益和奶酪，阵痛不可避免，而舵手至关重要。无论是重大问题的决策，前瞻问题的思考，还是与上级部门的沟通，合作伙伴的谈判，史支焱措置裕如，他善于总结和凝练，善于发现问题，更善于解决问题，他是一名合格的"当家人"，同时也是一名成功的改革"舵手"。

开播于2004年的SiTV的"游戏风云"频道，是中国最早的电视游戏频道之一，在相当长的时间内，一直都是中国游戏电视的第一品牌，为推广电子竞技作出了极大的贡献，不仅培育出了一批活跃在世界电子竞技舞台上的职业选手，更是创造了游戏主持人、游戏解说员这样的新岗位。

在参加 China Joy（中国国际数码互动娱乐展览会）的时候，人到中年的史支焱出现在花团锦簇的 Cosboy、Showgirl 们中间，稍有一些画面违和，然而，自诩为二次元、三次元的年轻人特别喜欢"游戏风云"，证明了成功是基于市场的需要。

2012 年 8 月 12 日，上海游戏风云文化传媒有限公司揭牌，成为国内首个深入游戏产业并参与运营的媒体公司。史支焱兼任董事长，他在揭牌仪式上表示：此次游戏风云公司的成立，不仅是文化产业体制创新的重要举措，也将对上海网络游戏市场带来积极影响。

在史支焱历任的多项职务中，他还曾经担任或者兼任极车（上海）文化传媒有限公司董事长、广视通传媒有限公司副董事长、中国广播电视协会全国付费频道工作委员会副会长、上海市信息家电行业协会副会长、上海市有线电视行业协会会长。

每一次的履新，每一次结识新的伙伴，每一次组建新的团队，每一次开始新的项目，对于史支焱而言，都是一次升华。职场多年，史支焱羽翼渐丰，他勇于尝试每一次"新"的过程，他憧憬在更广阔的空间，施展他的抱负和才华。

不忘初心，砥砺前行。史支焱在多个公众场合，仍然以自己是一名"老广电，老有线"为骄傲，然而他已不是当年那个站在镜头背后青涩的提问者。转型多年，他经历过成功，也品尝过失败，在五味杂陈中，不馁的奋斗，他知道前路并非坦途，勇者会选择无畏前行，而社会终将给你一个公正的评价。

2015 年 6 月，史支焱履职上海东方明珠新媒体股份有限公司副总裁，兼任百视通网络电视技术发展有限责任公司总裁、上海文广互动电视有限公司总裁。

对于史支焱而言，这是一个更大的平台，更为广阔的空间。

互连互通，合作共赢

唯创新者进，唯创新者强，唯创新者胜。

习近平总书记在党的十九大报告中指出："创新是引领发展的第一动力，是建设现代化经济体系的战略支撑。要瞄准世界科技前沿，强化基础研究，实现前瞻性基础研究、引领性原创成果重大突破。"

上海东方明珠新媒体股份有限公司，就是这样一家创新的国有企业，由上海文广旗下的两家上市公司百视通和东方明珠整合而来。

东方明珠，即上海东方明珠（集团）控股有限公司，1994年在上海证券交易所首发上市，是中国第一家文化传媒上市公司，迈出了中国文化企业借助资本市场发展壮大的第一步。百视通，即百视通新媒体股份有限公司，2011年在上海证券交易所借壳上市，开启了全国广电单位国有新媒体业务上市的先河。

2014年5月28日，在大小文广整合的背景下，百视通与东方明珠启动重大资产重组，迈开全国广电传统媒体与新兴媒体融合发展的第一步。2014年11月21日晚间，百视通和东方明珠双双发布公告，宣布百视通将以新增股份换股的方式吸收合并东方明珠。次日，时任SMG总裁和百视通董事长黎瑞刚在上海国际会议中心，向数百位机构投资者、媒体记者激情宣告：新东方明珠所引领的国有文化传媒企业自我革命的时代已经到来。

2015年6月16日，百视通发布公告，公司更名为"上海东方明珠新媒体股份有限公司"，简称更改为"东方明珠"，股票代码不变仍为"600637"。而在此之前，"东方明珠"这一简称的拥有者上海东方明珠（集团）股份有限公司股票，已于2015年5月15日被上海证券交易所予以终止上市。

上海东方明珠新媒体股份有限公司不仅合并了原来百视通和东方明珠两家上市公司，还注入了上海文广旗下弘毅投资的尚世影业、电视购物行业龙头东方购物等资产，成为中国A股首家市值超过千亿元的文化传媒上市公司。这也是无数媒体人笔下、无数投资人眼中的文化传媒超级航母。

"帝国"已建，黎瑞刚希冀的"革命的时代"，正款步到来。为什么要革命？黎瑞刚态度鲜明："传统媒体的基础设施正在发生裂变，如果不懂得移动互联网，不与移动互联网接轨将前途渺茫。"黎瑞刚也曾多次强调，要借鉴互联网思维与互联网精神，把互联网基因渗透于各项工作之中。

互联网才是未来。市场普遍预期，重组更名后的上海东方明珠新媒体股份有限公司，将以强大的媒体业务为根基，以互联网电视业务为切入点，实现受众向用户的转变以及流量变现，构筑互联网媒体生态系统、商业模式、体制架构，打造最具市场价值和传播力、公信力、影响力的新型互联网媒体集团。

更名后的上海东方明珠新媒体股份有限公司，任命黎瑞刚为名誉董事长，王建军为董事长，史支焱再次浮出水面，成为东方明珠新管理层团队中的一员。

合并前的百视通和东方明珠，都是几百亿身价的上市公司，旗下拥有可观的优质资产。

特别是百视通，作为中国 IPTV 模式的开创者，又是行业领军者，已完整布局了全牌照、全渠道、全终端视频业务，拥有多渠道视频集成与分发平台，主要提供包括 IPTV、互联网电视（OTT）、有线数字付费电视（含 DVB+OTT）、手机移动电视在内的新媒体业务，在各客户端拥有上亿用户，是中国 IPTV 业务模式的开拓者与创立者，是全国乃至全球顶级的 IPTV 内容服务运营商。根据东方明珠新媒体的定位，百视通的策略连接，就是打造"百变新视界"。百视通未来之路是构建百变内容、百变渠道、百变技术、百变终端。而且，SMG 集团也将百视通确立为统一的新媒体出口。

这是丰厚的积淀，也是转型的基石。

2015 年 11 月 17 日，史支焱在 GFIC 2015 全球家庭互联网大会上表示："产业资源也好，内容资源也好，包括硬件设备资源，都是自身拥有的。原来百视通和东方明珠分开经营的时候，这些资源都是分散的，但是新的上市公司，把这些资源都整合到一个大的生态系统下面。"

2015 年 12 月 3 日，史支焱在 NAB Show 全球跨媒体创新峰会上指出，"罗马不是一天建成的，正是在用户、内容、运营方面的积淀，在渠道、资源、服务、品牌方面的底蕴，东方明珠新媒体才能聚焦'互联网+'，转型蓄势待发"。

从牌面资源看，一加一理所当然要大于二，然而，要把这些资源完全盘活，也并不是一朝一夕的。这不是"简单做一个内容叠加或者资源叠加"，而是要思考如何在原来的基础上，"利用资本正向的力量，通过兼并、收购等手段，来完善生态系统，能够更好地提升它的流量变现能力"。史支焱认为，这是我们未来的目标，这也是我们和其他企业不一样的地方。

史支焱多次在公开场合的演讲时明确，东方明珠新媒体讲生态，更讲融合。在产业的价值链上，东方明珠新媒体不仅关注内在的资源整合，价值提升；在融合的主题下，东方明珠新媒体也注重跟合作企业、合作的产业链资源进行整合以及价值扩展。

一直以来，东方明珠新媒体股份有限公司旗下的百视通在外界合作伙伴眼中有些"高冷"，不仅产业链中的很多部分选择"亲自操刀"，即便对外合作也是选择"大牌合作方"。既然谈融合，就必须改变百视通的"高冷"。史支焱和他的团队说到做到，2017年，百视通宣布彻底放下包袱，拥抱融合，拥抱开放。

2017年5月18日，百视通"未来合伙人大会"在上海梅赛德斯奔驰文化中心举行，158家不同领域的企业成为其首批"内容合伙人"、"行业合伙人"、"资本合伙人"、"异业合伙人"。华为中国区电信软件业务部副总裁张东生，新东方集团副总裁、新东方在线CEO孙畅，西安青曲社董事长、著名相声演员苗阜，上海安徽四大剧种六大剧团负责人，英诺天使基金创始合伙人林森等嘉宾登台亮相。

与以往的历次合作大会不同，这次与会的嘉宾并不仅仅有那些实力强大的渠道商、气质高冷的版权内容商，更多的是基于跨界连接和创新孵化的合作点的企业合伙人。此举彰显了这次合伙人大会的主旨：百视通全面开放平台，全面拥抱万众创新，全方位跨界连接，全力落实"娱乐＋"战略。通过集聚大量的合作创新点，使百视通成为"孵化的舞台"、"变现的平台"和"资本的看台"。

2017 年 5 月 25 日，史支焱在流媒体网论道 2017 广州主论坛上，再次聊到合伙人的话题，他表示，百视通选择合伙人，奉行"三不"原则。"不设门槛"，只要有创新点和成长性，一个人的公司，也可以合作。"不分大小"，世界是平的，世界也是平等的。"不吃独食"，将欲取之，必先予之，平台的变现共享，发展的升级共谋。

和"一个人的公司"合作，史支焱的言语很豪气，当然这是基于"一个人的公司"要有百视通所不具备的能力或者资源。2017 年 9 月 7 日，史支焱对媒体表示："我们不在乎对方公司的历史有多长，规模有多大，只在乎结合有没有价值，有没有未来发展空间，大家能不能分享到发展的价值。"

更大规模的"相向而行"，是在合伙人大会上，百视通第一次对外宣布，全面启动跨境业务新领域。此次跨境战略基本上都是"合伙出海"，包括熟悉跨境环境的国内基建企业以及运营商，在当地具有业务基础的领先企业等。这种合伙方式不仅可以分摊风险，降低成本，还能发挥联合企业的聚合优势，以"一条龙服务"的套餐形式在跨境业务中获得更多的竞争力。

史支焱认为，合伙人的关键字，在一个"合"字。

中国有句古话，"分久必合，合久必分"，要谈"合"，首先要谈"分"。史支焱说，所谓的"分"，很好理解，就是产业链谁也不可能通吃，因为术业有专攻，"我在内容方面很强，你在渠道上很强，渠道我做不了，起码做得没你好，你做内容肯定没我好"。知道了"分"，再谈"合"就释然了：不能各自为政，要把所有的优势结合起来，要整合资源，有好的组合思路，价值才能够释放，只有让大家都成长了，产业才是健康的，"关起门来的话，结束了！"

这个"合"，史支焱认为有三层意思：

第一层是，你有我无，"合"力创新。百视通是用户大咖，华为是技术大咖，当技术大咖遇到用户大咖，形成了技术与应用的共振，实现了对痛点的点穴。2017年年初，百视通联手江西电信、江西广电、华为，开发大屏 IPTV 视频 3.0 系统。这个组合让业界津津乐道，无疑是 IPTV 创新的最佳拍档。史支焱说，这就叫"合"力创新，联合研发、联合制作、联合发布、联合上线、联合推广，"相向而行"，自然少走一半路。"一起玩"的模式让做事更专业、专心，同时也互补了盲区。

第二层是，开放连接，"合"伙拓疆。合伙人计划提出 360 行跨界，360 度连接。在产业内部，这么做可以疾速破局，全面布局。在异业合作领域，也是一样。史支焱说，我们视听产业在娱乐＋，别的企业一样在做旅游＋、医疗＋、购物＋。加号找到加号，就是需求找需求，而加法创造出来的新模式，结果可能出人意料。对于身处红海的企业，加法就是穿过海峡，找到新的蓝海，从而用加法实现乘法。

第三层是，执子之手，"合"利共赢。史支焱说，百视通庞大的用户基础，以及专业的运营团队，给合作方带来了信心。几年前，新东方和百视通合作还是有顾虑的，线上会不会影响线下？但很快，顾虑打消了。线下因为线上更有品牌影响力，而线上抓住了家庭，打破了时空局限，实现了教育共享，降低了教育成本，成为一所全天候全方位全民的共享学校。史支焱说，跟教育的结合是跨界的，也是异业的，跟自己原来的业务没有太大关系，不做也没人说你不对，但现在通过跨界连接，把各自的优势资源放到一起，就能产生新的价值，是新的增长点，"受此启发，这两年我们在应用领域思路大开，目前已在医疗、健身、游戏、购物、二次元等很多领域进行了布局"。

很多人好奇，"合"久后会不会"分"？史支焱坦言，从目前看，"分"的最主要原因，就是"互相争夺所谓的主导权"，然而这本身就是一种短视的行为，目前看来也是这个市场的痛点。所谓相爱简单相处难，合作达成容易，实际执行中谁来主导？

史支焱认为，大家都想要主导，要控制，这是一种很偏狭的事，会让市场混乱。现在就应该抛弃这些陈旧思路。他说自己更推崇竞合，没竞争市场是死水一潭，但也一定要有合作，优势结合到一起大家都能够分享到市场发展的价值。"竞争中一定要有合作，在合作中适度地竞争，这才是正确的思维方式"。

"我在很多场合都呼吁，往那个方向去努力，联手、合作，很多乱象就没了"，史支焱举例说，比如说版权，价格决定质量，买不起有人就会盗，这样把自己的牌子也砸掉了，这是没有未来的。所以，"一定要有竞合，适度的竞争和合作应该是整个市场参与者必须遵守的规则"。

"合"，是站在俯瞰全局的高度去思考、去定策，而不是戴着"有色眼镜"看问题。从前的对手，现在何尝不能成为朋友？

在一次公开场合的讲话中，史支焱说："过去，你搞内容，是我们内容竞争的对手；你搞盒子，就是我们小红盒子的对手；你搞终端，就是我们风行的对手……"

话锋一转，史支焱说："换个角度，我们合作会怎么样呢？"

世界是平的。

换一个角度，你所看到的世界，和原来那一个，完全不同。

恒者行远，思者常新

党的十九大报告指出："加快建设制造强国，加快发展先进制造业，推动互联网、大数据、人工智能和实体经济深度融合，在中高端消费、创新引领、绿色低碳、共享经济、现代供应链、人力资本服务等领域培育新增长点、形成新动能。"

对于互联网人而言，这是振聋发聩的鼓舞，这是振奋人心的使命。

如何在大数据中玩出精彩，如何让互联网创造价值，如何让人工智能和实体经济深度融合，都是史支焱一直在思考的问题。

很多人都在使用微信，史支焱也不例外。他关注的微信公众号大概有几十个，然而中国微信公众号的总数已经超过了1200万个（截至2016年年底）。仅仅是2016年，新诞生的微信公众号就相比2015年增长了46.2%。

这是一个惊人的数字。这意味着自媒体时代，传播渠道的畅通，每个人都可以进行自由的表达。然而，掌握的渠道不一样，渠道的受众群体的多寡不一样，收获的效果并不一样。

通过微信公众号发布一篇文章，获得1000+的阅读数，看上去还不错，特别是对于那些只有几十或者几百粉丝的微信公众号而言。然而，1000+阅读，对于大号而言，不值一提。一个拥有百万粉丝的大号，发布同样一篇文章，随随便便就能获得10万+的点击量。

10万＋，意味着更多的流量导入，更多的广告植入，更多的社会关注。营销界有所谓"渠道为王，终端制胜"的说法，掌握百万粉丝的大号会越做越强，而小号虽然同样握有渠道，但更多的是自娱。

百视通有上亿用户。这一点，数据支撑了自信。史支焱在公开场合不止一次地说过："在上市公司整合过程中，基于广电的数字互动电视，基于电信的IPTV，基于互联网的OTT、手机移动端业务全部统一在百视通（BesTV）品牌下运营。这些大屏小屏实现了物理叠加，现在我们的 IPTV 3200 万、OTT 1980 万、数字电视 5200 万、移动端月活 1000 多万，这是一个上亿跨屏用户的体系"。

然而，史支焱想得更长远：首先，"用户是你能掌控的吗？"用户很难说属于谁，只能运营，不能掌控。其次，用户就这么多，现在用户规模过亿，很快就会出现拐点，抛物线一定是往下走的，将来两三年之内就会发生，这确确实实就是百视通的"天花板"。

怎样去经营用户，让他们的价值放大，显然要"内容为王"。

有关"内容为王"，史支焱在出任上海文广互动电视有限公司总经理之初，就已经深思。在接受第一财经频道《远见》栏目组专访的时候，史支焱表示："我觉得还是内容更重要一些，渠道是实现内容的手段。"

在成为上海东方明珠新媒体股份有限公司副总裁、百视通网络电视技术发展有限责任公司总裁后，史支焱对于"内容为王"有了更深刻的认识：在内容过剩的互联网时代，人们从来不缺内容，但是优质内容仍然是稀缺的。

党的十九大报告中多次提到"一带一路"建设，并明确指出，"中国开放的大门不会关闭，只会越开越大"。百视通顺势而为，在合伙人大会上，百视通第一次对外宣布，全面启动跨境业务新领域。向世界展示最生动的中国，把中国的故事说给世界听。

在"一带一路"宏观国策的战略指引下，百视通充分发挥文化平台战略优势及资源整合能力，在"一带一路"沿线国家广泛开展文化交流及媒体互动，通过渠道拓展及模式创新，深入构筑当地华人文化交流平台，大力促进我国文化的对外交流。"一带一路"为进一步扩大对外文化贸易提供了契机，百视通适时抓住战略机遇，同多家海内外企业实现深度合作，以多元化的业务模式布局跨境 OTT 业务，广泛服务中国港澳台地区、东南亚、澳洲、欧美等用户群体。

党的十九大报告指出："我国社会主要矛盾已经转化为人民日益增长的美好生活需要和不平衡不充分的发展之间的矛盾。"市场需求的多样化、个性化，对电视提出了更高的要求。引入大 IP 战略，可以看作是百视通"内容为王"的重要一步。

所谓的 IP，并不是互联网 IP 地址的 IP，IP 是英文"Intellectual Property"的缩写，直译为"知识产权"。IP 的存在方式很多元，可以是一个故事，也可以是某一个形象，运营成功的 IP 可以在漫画、小说、电影、玩具、手游等不同的媒介形式中转换。所谓的大 IP，就是那些影响大、人气高的 IP，比如那些拥有庞大的粉丝群体，适合二次或多次改编开发的影视文学、游戏动漫等。

文学圈、游戏圈、影视圈无不觊觎大 IP，唯恐慢了一步，失去的就不仅仅是 IP 这个主题，而是站在 IP 背后成千上万的狂热粉丝和他们不容小觑的消费能力。然而，并不是每一个 IP 都能成为大 IP，潜力 IP 要成长为一个大 IP，需要一个日积月累的沉淀过程。有的购买方，花大价钱买下了潜力 IP，却很难找到促使 IP 爆发的最佳渠道，白白错失了和潜力 IP 共同成长的好时机。史支焱认为，好马要配好鞍，东方明珠新媒体拥有海量的用户资源、丰富的运营经验、强大的平台互动能力，无论从用户、覆盖、运营、推广上都是促使 IP 爆发的最佳渠道，也愿意为优质 IP 提供爆发渠道。

2015 年 12 月 3 日，史支焱在 NAB Show 全球跨媒体创新峰会上强调，东方明珠新媒体的目标是构建良性循环的 IP 生态体系，一方面依托大 IP 吸引更多的用户，积聚规模效应，促进整体实力的提升；另一方面依托整体实力与用户规模，实现潜力 IP 的沉淀与增值，推动向大 IP 的升级与爆发。最终，依托东方明珠旗下百视通、Fremantle 合资公司、尚世影业、五岸传播、ad-Sage 等子公司所打造的新型互联网媒体的生态系统和统一的用户体系、大数据平台，借助全媒体渠道的市场推广能力，形成从创意到研发、从产品到运营、从线上多媒体娱乐到线下文化活动的 IP 闭环产业链。

为了寻求更优质的内容，百视通追求更广泛的商业连接。过去十几年，百视通购买大量的大 IP 版权，比如 NBA、英超、好莱坞电影、HBO 美剧、迪士尼、尼克、国家地理、BBC 纪录片，等等。这些 IP 都将通过运营，实现更大价值。在 2017 年的东方明珠之夜上，东方明珠同时与微软、腾讯两大合作伙伴进行了战略合作发布。如果说和微软的合作更多基于新媒体技术应用方面（包括但不限于人工智能、物联网、大数据应用、媒体云服务等领域），和腾讯的合作则更多是优质内容的合作。东方明珠与腾讯双方拥有众多产业链与业务板块，未来，双方将在包括游戏、电竞、影视、动漫、购物等领域开展一揽子合作；其中腾讯互动娱乐旗下的腾讯游戏、阅文集团、腾讯动漫、腾讯影业、腾讯电竞五大实体业务平台，将与东方明珠一起共同构建一个开放、协同、共融共生的泛娱乐内容新生态。

当优质内容邂逅理想渠道，会绽放出怎样的光彩？

史支焱在 2016GMIC 全球移动互联网大会上表示，好的内容资源一旦与电视屏相结合，将爆发出更为强大的能量。电视屏通过聚合新资源，将产生更多新价值，比如"游戏＋电视＝电视游戏"、"唱歌＋电视＝卡拉 OK"、"赛事＋电视＝赛事直播"、"电视＋新东方＝电视教育"、"电视＋办事＝电视政务"，等等。

而与文广产业里的演艺、旅游、购物、地产、培训、展会、游戏等娱乐板块打通，横向连接就能改变过去单一的收视费模式，做更多的叠加、延伸、拓展。以 NBA 为例，NBA＋游戏，可以连接观众和游戏玩家；NBA＋购物，可以打通我们的视频购物，让铁杆球迷买 NBA 纪念商品；NBA＋旅游，可以去美国展开 NBA 之旅；NBA＋培训，可以去美国篮球青少年培训班……

如今的用户市场呈现越来越细分化的特点，这也是为什么近几年垂直产业发展很快的原因。"让用户有选择的权利"，史支焱强调，人的需求都是不一样的，关注点、兴趣点也各有不同，有人喜欢绘画，有人喜欢钢琴，世界就是这么丰富多彩。而百视通也应该这么丰富多彩，而仅仅提供一种选择，是无法留住用户的。

恒者行远，思者常新。史支焱在思考"内容为王"时，东方明珠新媒体股份有限公司其他高层也在思索这个问题。

在 2017 年的东方明珠之夜上，当时的上海广播电视台台长、SMG 总裁、东方明珠董事长王建军明确表示，作为东方明珠的母公司，SMG 将积极支持东方明珠建设基于内容和应用为一体的新媒体平台——BesTV、助推东方明珠提升内容原创能级，打造内容 IP 体系，为"娱乐＋"生态提供强大支撑。

东方明珠总裁张炜表示，将进一步强化自有头部内容 IP 的孵化能力与产业化运营能力，依托上游制作、版权经营及下游购物、游戏、旅游等衍生业务完善全产业链建设。东方明珠计划在影视、动漫、短视频、综艺等内容产品领域发力，发挥平台优势，聚焦国内外业界标杆企业，打造原创精品内容，逐渐形成以产业链开发为目标的新型内容产品矩阵。

东方明珠的新 LOGO，也为"内容为王"打下了新的注脚。新的 LOGO 由红色"OPG"三个字母构成蜂巢状图形。蜂巢是一种几何力学及建筑学的典型范本，结构稳定、结合紧密，拥有延展的无限可能。这意味着公司内部的统一理念，也象征着东方明珠完善的文化产业布局，在"娱乐 +"战略指引下无限延展的态势。以内容 IP 为纽带，嫁接渠道、影视、版权、游戏、购物、教育、地产、旅游、广告等现有的各板块业务，为线上线下产品矩阵的衍生开发赋予更强大的能力。

在 2016 年第一届东方明珠之夜上，史支焱一句："往这儿一站，我脸上就写着：三网融合"，让全场捧腹。那一夜聊的是"三网融合"，聊的是"打破技术边界，打破内容边界，打破渠道边界，打破屏的边界"，正所谓"不破不立"。

在 2017 年第二届东方明珠之夜上，史支焱与国广东方、秒拍、风行、360 影视、咪咕视讯、易观等视频产业人坐在一起，谈笑风生。这一夜聊的是"内容生态"，聊的是如何有效地吸纳海量的 UGC"小视频"、如何拴住代表头部精品内容的 PGC"大视频"。

2017 年 9 月 7 日，东方明珠旗下百视通、SMG 融媒体中心"看看新闻 Knews"与联想达成战略合作，未来三方将就综合内容、新闻产品、硬件终端、智能技术、大数据运营等方面在客厅娱乐层面上展开深度合作，百视通与联想携手打造"百联文娱超值会员"计划。大屏时代的大门打开了，最起码在认识上，相关各方已经深刻地感受到大屏作为入口价值空间巨大。

1968 年出生的史支焱，已 50 岁。论语说，五十而知天命。

知天命之年，原意是指知道天地万物变化的道理而去顺应它。史支焱看上去并不想这样。

党的十九大报告指出："我国经济已由高速增长阶段转向高质量发展阶段，正处在转变发展方式、优化经济结构、转换增长动力的攻关期，建设现代化经济体系是跨越关口的迫切要求和我国发展的战略目标。"这一论述不仅是对全国所有企业的要求，更是国有企业奋力拼搏的目标和必须承担的责任。

作为一名企业家，国企的掌门人，史支焱在数字电视、

IPTV、互联网电视、智能终端领域深耕十余载，作为 2013 年"TV 地标"电视产业年度人物、2016 年度金屏奖——中国视听与科技创新产业"年度领军人物"，他有着更宏大的目标：顺应国家战略、推进企业发展既是国有企业肩负的责任和使命，也是实现自身发展的必然选择。只有契合国家战略，才会顺应时代进步要求，才能乘势而上获得更加广阔的发展空间。

2017 年 3 月 23 日，史支焱在北京 CCBN—BDF 论坛之媒体融合论坛上说："这是一个房地产老板开电影院的时代，深山老宅变身最美客栈的时代，文科生喊着要造汽车的时代，读课文也能变成真人秀的时代，自行车一夜间卷土重来的时代……处在信息技术革命的年代，多精彩，多幸运。"

"忙趁东风放纸鸢，我们不能辜负这风口。"这是史支焱的心声。他期待媒体融合产业，在大风吹过之后，"潮平两岸阔"。

"知天命"的史支焱，正是风华正茂。

二

大海航行靠舵手

—— 记上海统帅装饰集团董事长 杨 海

　　在带领企业寻求发展之路的过程中，杨海与其他企业家一样，也遇到了各种各样的困难，但是无论遇到何种困境，杨海都没有意志消沉，更没有随意放弃，而是时刻保持着积极乐观的心态，突破极限，成功迎接挑战。在多年的发展历程中，他推崇做人、做事、做企业必须一贯，即责任胜于能力。在他看来，责任不仅是一种品德，更是一种能力，而且是其他所有能力的统帅与核心。因此，他十分注重培养人才的责任意识。

　　细节决定成败。杨海认为企业如果在市场上被淘汰出局，并不是被你的竞争对手淘汰的，一定是被你的用户所抛弃的。因此，要坚持让客户满意的企业宗旨，阳光微笑服务，严谨规范施工。一直被模仿，从未被超越。

　　杨海十分注重企业的创新发展。他认为竞争优势的秘密是创新，这在现在比历史上的任何时候都更是如此。创造力对于创新是必要的，公司文化应该提倡创造力，然后将其转变成创新，而这种创新将带来竞争的成功。真正的问题不在于你比过去做得更好，而在于你比竞争者做得更好。

家规:"为人避事平生耻"

杨海是土生土长的桐城人。桐城是他的根。

"抵天柱而枕龙眠,牵大江而引枞川",说的是桐城。这里不仅有独特优越的地理位置,而且历史悠久,文风昌盛,是江淮文化圈的发祥地和集中地,也是安徽省历史文化名城,享有"文都"盛誉。历史上著名的桐城派即诞生于此。"千里家书只为墙,让他三尺又何妨。长城万里今犹在,不见当年秦始皇。"——代代相传的六尺巷故事也发生在此。

桐城丰厚的人文底蕴滋养了一代又一代人。历史上的名人灿若星辰,数不胜数。自清以来,有康熙年间文华殿大学士兼礼部尚书张英,美学宗师朱光潜,一代大哲方东美,革命家、外交家黄镇,农工党创建人章伯钧,巨型计算机之父慈云桂等。桐城还是黄梅戏之乡,孕育了以严凤英为代表的一代黄梅戏表演艺术家。

小时候,杨海就知道这些名人,对他们的故事和作品也非常了解。他说,家乡桐城是一个人杰地灵的地方,听着这些人的故事长大,心也变得很大。"正是这种无形的熏陶,我从小就立志,长大要做一个胸怀宽广、正直无私的人。"

这样的人文环境，势必也影响着每个家庭对孩子的教育。杨海出生在一个大家庭，兄弟姐妹多，父亲是事业单位的中层干部，母亲也不得闲，家里难以做到对每个孩子都精心照顾。但管理孩子，有不成文的家规。一旦有事发生时，一律平等对待！不管是谁，只要做错了事情，就必须勇敢面对，承担责任，接受惩罚；做得好的，也必定会得到表扬和奖励。父母竭力用实际行动告诉大家一个为人之道，"为人避事平生耻"。杨海说，这一点给他留下了深刻印象，让他形成了敢于担当、敢于负责的性格，同时也教会了他一点，要赏罚分明。

以至于许多年后的今天，杨海对这一点仍很有感触。"桥的价值在于载重，人的价值在于担当。"一个人活着就要有担当精神，要敢于负责，敢于亮剑，只有这样，才有发展。做人如此，企业亦然。一个没有担当精神，不敢亮剑的企业，能走得远吗？

心法："小信诚则大信立"

成年后，一个偶然的机会，杨海认识了一些上海朋友。在这些朋友的帮助下，他在上海做起了建材生意。

那时候，市场需求旺盛，生意很好做，但是鱼龙混杂，客户常常苦恼买不到放心的建材产品。"如果我是客户，我希望买到怎样的产品呢？一定是正品！有品质保障的产品！谁愿意花钱买次品或假冒伪劣产品呢？所以，我一定要给客户提供正品，最有品质的产品"！

带着这种执着和较真，很快，他的建材生意做得风生水起。回头客越来越多。客户的信赖更让他坚定一个理念，大道至简，诚信为王！那种抱着捞一把再说、糊弄客户的想法是不可取的，只会断了自己的后路。吃亏事小，信誉事大。公道自有人心在，市场永远不会亏待诚信者。如果吃点小亏就随波逐流、放弃诚信经营的原则，不仅会失去客户，也会坏了招牌。

这一理念在统帅装饰成立之后，更是被杨海时刻谨记和宣讲。在公司大大小小的会上，在与设计师、项目经理、工程部、一线施工人员的交流中，他始终强调要诚信经营，维护客户利益，为客户提供最优质的服务，倡导"走正道、谋发展、勇担当"的价值理念。他说一个企业要成长，要持续成长，健康成长，一定不能走歪门邪道，必须走正道。只有走正道，才能行王道。那种为了蝇头小利、丢失信誉和职业尊严的做法，是搬起石头砸自己的脚，自毁前程。

"小信诚则大信立"，杨海的话坚定执着，掷地有声。他认为君子爱财，取之有道。宁可清贫，决不浊富。商海无桥信作舟。只有诚信，才能走得长远。小胜靠智，大胜靠德，德才能行天下。

也许正是因为这样立身行道，统帅装饰才得以扬名上海，快速成长为行业标杆企业。

明志："宁与黄鹄比翼，不与鸡鹜争食"

2005 年，杨海在经过对市场的洞察与判断之后，决定进军装饰装修行业。他带着一支精干的团队，"筚路蓝缕，以启山林"——在上海创立了统帅装饰品牌。

13 年来，公司越过荆棘、挺过风霜，不断抽枝发蔓，已成长为一棵参天大树。先后荣膺"全国住宅装饰装修行业百强企业"、"中国住宅装饰装修行业最佳设计机构"、"全国金牌施工企业"、"上海家装五大标杆企业"等多项荣誉。

然而公司在成立之初，却经历了不断自我加压，在压力中奋进的过程。那是一个拉高标杆，挑战自我，磨砺锋刃，没日没夜的时期……

彼时，市场进入门槛低，行业极不规范，良莠不齐的现象大肆存在。狄更斯在其《双城记》中有一句名言：这是一个最好的时代，也是一个最坏的时代。用此话形容当时的装修市场，颇为恰当。

说它好，是因为市场的繁荣。房地产市场景气，客户的家装需求喷薄而出。这对装修公司而言，无疑是一个好的时代。但同时这也是一个坏的时代。不断曝出的装修黑洞和行业乱象，加深了客户对装修公司的猜忌和不满，为行业发展蒙上了阴影。

作为一家新成立的公司，在当时的生态环境，要活着，很容易，但是要脱颖而出，打响品牌太难了。首先要形成品牌。而形成品牌需要公司在经营和管理上投入巨大的人力、物力、财力，付出更多智慧、更大努力建立与客户之间的信任。但杨海不以事艰而不为，不以任重而畏惧。他坚信千淘万漉虽辛苦，吹尽狂沙始到金。宁与黄鹄比翼，不与鸡鹜争食。不管有多难，必须打好打响统帅装饰这一品牌！"市场好，谁都能活，要是市场不好了，你凭什么活下去？唯有品牌可以穿越牛熊！"

因此，公司成立之初，即立下宏愿，以客户需求为导向，以推进人与空间的和谐相融为使命，矢志成为中国值得信赖和推崇的装饰品牌。愿景激发斗志。短短几年间，统帅装饰迅速崛起申城，以黑马之势享誉上海，以装饰界的急先锋蜚声业界。

标杆："勇当创新发展的先行者"

鸿鹄展翅，志在高远。

统帅装饰成立之际，市场风云际会，公司如何从成千上万家装修公司中崭露头角，崛起为家装界的领军者？如何从严重的同质化竞争中突围，打响统帅装饰品牌？这是一个极富挑战性的商业命题。

善举纲者万事遂，善谋势者机可期。杨海凭借其敏锐的市场意识和与生俱来的勇气及决心，走出了一条不同寻常的路。他把握大势，破釜沉舟，大胆创新，以客户满意为目标，率先变革。一直以来，装修行业存在严重的信任危机，杨海决心以自己的实际行动为行业正名。他首先向行业积弊开刀，在内部进行思想大发动，大力宣讲规范施工、规范服务、规范管理的重要性，要求统帅装饰全体员工以身作则，率先垂范，以规范实践推进行业健康发展。杨海的独树一帜在行业内刮起一股清新之风。一时间行业热议，内外瞩目。

激扬正气定乾坤。站在行业风口浪尖，杨海不畏艰险，顶着压力，从最重要的水电隐蔽工程入手，决意打造中国装饰装修行业第一支专业化、职业化的施工队伍，为客户提供优质家装服务，从而摆脱装饰装修行业管理粗放的发展模式，探寻新的发展动力。

2007 年，统帅水电应运而生，这是业界至今唯一的专业水电公司。公司实行严格的职业化管理，坚持统一培训，定期学习专业技能，定期开展员工关怀活动，以一个崭新的形象亮相，使社会全面改变了对装修工人的传统看法，创造了装修行业前所未有的满意度，为业界树立了一个难以逾越的标杆。

杨海的大胆尝试，先行探索，推动了企业向标准化、规模化、精细化发展，引起了社会的广泛关注，更赢得了同行的尊重。他比周围人更早地意识到，创新是进步的灵魂。在他的引领下，公司加大了创新研发力度。2010 年，统帅装饰率先在行业内成立工艺研发中心。研发中心由从业二十多年的国内外资深专家领衔，不断创新工艺、引进新材料，对原有陈旧工艺更新换代，仅 2013 年就获得国家知识产权局授予的 8 项实用新型专利，推出了 23 项新工艺。创新发展，硕果累累。如今，研发中心拥有 13 项实用新型专利、52 项新工艺，是获得专利授权最多的企业，技术优势在行业内遥遥领先。

创新发展也为企业迎来了广阔的成长空间。因为创新，公司销售业绩在同行中最快破亿，公司服务多年来蝉联客户满意度第一，公司最早成立管理学院……面对成功，杨海语重心长地说："因循守旧和盲目跟风绝对不是长久之计，唯有创新，做出自己的特色，打造自身的核心竞争力，才是企业持续健康发展的关键。"

改革的步伐还在继续。面对当前家装行业的设计师队伍现状，杨海董事长也有他独到的思考。他大举奖励优秀设计作品，鼓励设计团队拿出更多令客户满意、让同行称道的好作品。

杨海的创新理念吸引了众多媒体的关注。他说："创新，让我们完成了无数次蜕变，但不变的却是我们心中的那份精神恪守——'走正道、谋发展、勇担当'和'员工满意、客户满意'的宗旨，以及我们始终坚守品质、超越顾客期望、创造卓越品牌的追求。"人们看到，在创新的道路上，杨海不忘初心，用大情怀谱写着统帅装饰华丽的篇章。

坚持："打造细节，匠心筑家"

天下大事，必作于细。这是杨海经常说的一句话。因为细节是魔鬼。细微处最见精神，最见匠心。细节的完美生动可以成就一件伟大的作品，细节的疏忽也可以让一个宏伟规划付之东流。

　　"我们每个人都要养成把大事做小，把小事做细的作风，服务好客户。"装修是一项大工程，但却由许多细活构成。一个细节，做得好，客户看在眼里喜在心里，做得不好，缺乏品质，客户可能心存不快。因此，统帅装饰自成立以来杨海就要求打造细节，匠心筑家。他多次举例告诫员工，一台拖拉机，有五六千个零部件，要几十个工厂进行生产协作；一辆上海牌小汽车，有上万个零件，需上百家企业生产协作；一架"波音747"飞机，共有450多万个零部件，涉及的企业单位更多。而美国的"阿波罗"飞船，则要两万多个协作单位生产完成。在这由成百上千乃至上万、数百万的零部件所组成的机器中，每一个部件容不得哪怕是1%的差错。否则的话，生产出来的产品不单是残次品、废品的问题，甚至会危害人的生命。装修也是这样，有无数道工序，一个细节处理得不好，可能后患无穷，给客户带来无穷烦恼和损失。

　　作为领头人，杨海时常在年度总结大会上向全体员工敲警钟："客户把家交给我们，是信任我们，我们该拿什么回报客户？我们一辈子要接待成千上万个客户，但这些人当中有不少人却只会经历一次装修，我们不拿出良心作品、高品质作品，对得起客户吗？为了让客户满意，必须想方设法！"

　　这一番话振聋发聩，让人印象深刻。统帅装饰一位设计总监说，虽然统帅装饰的设计师有不同级别，但是在服务客户的过程中，所有的设计师都必须遵守一个理念——"以客户为中心"，事无巨细，为客户呈现满意的品质。

"泰山不拒细壤，故能成其高；江海不择细流，故能就其深"。托尔斯泰曾说过：一个人的价值不是以数量而是以他的深度来衡量的，成功者的共同特点，就是能做小事情，能够抓住生活中的一些细节。细节决定成败。即使一个小瑕疵，发现了也要修正。俗话说，不虑于微，始成大患；不防于小，终亏大德。杨海明白装修是一项繁难工程，但更是一项人心工程，做好了，客户心中有数；做不好，就会有纠纷，失去客户信赖。因此，打造细节，匠心筑家，不仅是一种做事风格，更是责任心的体现。

"如果企业是一棵大树，品牌就是大树结出的果实，细节就是大树的枝叶。"经营之道源自细节，细节显出真功夫。"谁拥有更高的把握细节的能力，谁就能赢得客户，赢得市场。"杨海巡查工地时，对着公司管理层意味深长地说。

服务："让客户满意，是统帅人不懈的追求"

企业发展要以客户满意为宗旨，这是统帅装饰的核心企业文化。

杨海清晰地记得，统帅装饰创立后的第一次碰头会。他问大家最担心的是什么，那时候，公司只有七八个人，大家面对未卜的市场前景，异口同声地说是"业绩"！没想到，杨海坚定地说"不是"！他看着屋子里不解的人们说："恰恰相反，我最担心的是客户来了，我们做不好怎么办？如果有了客户，我们一定做得好，那还怕什么？所以，最关键的是让客户满意。"

让客户满意，就意味着从客户角度出发，以客户为中心，想客户所想，急客户所急。这句话说起来简单，做起来难。很多公司嘴巴上说维护客户的利益，实际上是维护自己的利益，这两件事常常是冲突的。但统帅装饰却拿出了实质性的举措。为保障客户利益，统帅水电在行业内率先承诺"水电质保十年"，即客户入住后发现隐蔽工程存在问题，十年内可以享受免费保养维修。公司还有完善的饰前服务、饰中服务和饰后服务体系，力求让每一位客户满意。

即便客户在装修过程中，有投诉，也会得到及时处理和反馈。皆因为杨海自始至终向员工灌输的这种意识：公司的发展离不开广大客户的信任与支持，大家应怀着感恩的心服务好客户。试想，没有客户，公司怎么生存？怎么发展？客户选择我们装修，是对我们的信任和期待，我们要全力以赴，以我们的专业能力帮助他实现这个愿望，并超出他的期望值。这就是我们的价值所在。

"我追求的是长远发展，绝非一时之利！无论何时何地，我希望人们只要提到统帅装饰，就会发自内心地说，统帅真不错！这才是我最在意的。为钱去做事的人，不可能获得真正的成功！"杨海真诚地说，"对我而言，我的成就感来源于每个客户对统帅装饰的高度认可和肯定"。随后，杨海讲述了一个客户为感谢公司水电工亲自到他家道谢的故事。当他听到客户说统帅装饰彻底改变了她对装修行业的看法时，那一刹那，比什么都值！所有的付出都是值得的！

"金杯银杯不如客户口碑，金奖银奖不如客户夸奖"。杨海认为，有形之碑，固然可以广而告之，明示天下；但弥足珍贵、真正帮助公司发展的，还是客户的口碑。只有他们高度认可了，口口相传，公司才会赢得未来。

传递："孝道与健康"

"百善孝为先"，"夫孝，德之本也"。

孝是中华民族的传统美德，也是统帅装饰企业文化的一大亮点。为什么大力在公司推崇孝道文化并将之与现代企业管理相结合？杨海自有他的考量和用意。

谈起孝道，与做事雷厉风行、在装饰界叱咤风云的威严形象迥然不同的是，这位企业家露出了他非常温和可亲的一面。他认为孝文化是中华传统道德文化的本源，进行孝文化的教育传承和弘扬，就是教导人们从初心出发，用感恩之心、仁爱之心待人处事。企业是社会的一个组织，在传承和弘扬中国优秀传统文化方面理应积极担当。

古圣先贤说："大孝治国，中孝治医，小孝治家。"同样，治理企业也离不开孝。公司加强员工的孝道教育，就是加强企业文化建设，有孝心的员工才会生发出感恩心、责任心。因此，杨海特别希望公司管理层能在孝亲敬老方面做出榜样。他说世上唯有两件事不能等，一是尽孝，二是行善。父母在我们的人生中扮演了非常重要的角色，因为他们不仅仅给予我们生命，还让我们在温暖中成长！但是在我们成长的同时，父母也在老去，因此，在我们享受了那么多父母给予的爱以后，我们也需要以一颗感恩的心去回报父母，哪怕只是一件微不足道的事！

在杨海的循循善诱下，近年来公司围绕孝道开展了一系列温馨活动。每年春节、端午节、中秋节之际，公司领导会拎着水果、带上礼金走进员工家里，看望员工父母，为他们送去公司的关怀。2015年，公司精心安排了优秀员工携家人去韩国旅游，这无疑也是公司孝道文化的一种延伸。未来，公司员工的薪资组成，除了工资、绩效奖金以外，还将额外设立"孝顺金"，直接打入其父母账户。

关爱员工身体健康，是统帅装饰企业文化的又一大亮点。

上班时间集体去健身？这在很多公司是不可能的事情。但在统帅却是一道独特的企业文化风景。每周四下午 4 点，大家安排好手头工作，换好健身服，结伴走进健身房和球场，打羽毛球，练背肌，紧腹部，伸展肢体，踢球……不亦乐乎。

"公司为员工预定了场地，并鼓励大家放下工作去运动。目的就是希望每个人都能健康工作，快乐生活。"杨海说，这种倡导很有必要，因为健康是最重要的。一个人若想要对社会负责、对企业负责、对家庭负责，首先就要对自己的健康负责。健康都没有，还怎么去负责呢？人生的幸福由三个部分组成，第一是健康，第二是财富，第三是快乐。假如把我们每个人的生活比作一串数字，健康就是首位的"1"，至于事业、财产、房子、汽车等等都是后面的一串"0"。0 越多，表示我们越幸福，但这些不是至关重要的，少了前面的 1，再多的 0 也没有任何意义。

担当："上善若水，厚德载物"

"赠人玫瑰，手有余香。"

责任，是统帅装饰的核心价值观之一。除了对员工、对客户负责之外，还包含了一种更为博大、更为无私的情怀，那就是统帅装饰集团承担的社会责任。

在这方面，杨海总是率先垂范。他饮水思源，崇文尚德，乐善好施，扶危济困，却不喜张扬。能为他人带去温暖，是他发自肺腑的心声——"企业必须为构建一个和谐社会出力。回报社会，是企业的良知"。

2008年汶川特大地震发生后，杨海第一时间伸出援手，并呼吁公司员工积极捐款。2010年，青海玉树大地震，公司发起了"爱心基金"，为当地重建家园贡献了一分力量。2016年7月，桐城市发生特大洪灾，杨海连忙出资组织义工在当地买菜做饭，将可口的饭菜和对父老乡亲的牵挂一同送达灾民安置点，令众多百姓为之感动。

赈灾之外，统帅装饰坚持助学。自2012年起，集团便陆续向江西革命老区资溪一中进行捐赠；并连年向桐城市贫困大学生发放助学金。为实现更多人的上学梦，他还联合上海十大家装联盟企业，捐资100万元在桐城市建立希望小学，使当地贫困孩子有书可读。

多年来，他先后捐助过四所希望小学、上百名贫困大学生并坚持每年向上海市慈善基金会捐款，为社会上急需帮助的群体送去关爱。杨海也被评为"上海市家装行业慈善之星"。"怀善念，行善举，必得福报"。桐城市教育局、上海桐城经济文化促进会称统帅装饰集团发展不忘回报社会，公司坚持捐资助学，行的是大善，扬的是大爱，尽的是大责。

2015 年，统帅装饰联合塘桥社区慰问孤寡老人，并为 72 位家庭困难的老人免费维修、安装扶手。2016 年，杨海率领公司志愿者深入革命老区金寨县精准扶贫，赶在大雪降临之前，将爱心物资和慰问金送到贫困农民手中。2017 年，得知公司水电工孩子患了白血病，统帅装饰在公司发起了募捐活动，在两天之内募得 8 万多元。

面对社会各界的感谢，杨海表示："慈善事业，是公益性的社会救助事业。只有起点没有终点。未来十年，公司将继续实施企业的《公益梦想计划》：捐助 10 所希望小学——资助 500 名大学生，帮其改变人生；资助 1000 名孤寡老人，使其感受到社会的温暖……除此之外，还将对社会爱心机构提供必要的援助和支持，让统帅人的博爱温暖社会上更多需要帮助的人。"

慈善的不是钱，是心。"无论能力大小，无论捐赠多少，让我们一起为最困难的人洒上爱的甘露，向最需要帮助的人伸出暖暖的援手。让需要帮助的人记住，这个社会是温暖的，人间有爱，有真情"。2015 年，杨海在"统帅之光"桐城人在上海联谊会十周年庆典助学仪式上的倡议，其言灼灼，其理凿凿，其意切切，闪亮着耀眼的精神之光，赢得了雷鸣般的掌声。

在古罗马有两座圣殿：一座是勤奋的圣殿，另一座是荣誉的圣殿。他们在安排位置时有一个秩序，就是必须经过前者，才能到达后者。因为勤奋是通往荣誉的必经之路。那些试图绕过勤奋，寻找荣誉的人，总是被拒在荣誉的大门之外。

这一点，永远铭记在杨海心头。他说一分耕耘，一分收获。谨以此语献给所有有缘人。

三

追求诗与远方的教育企业家

——记三立国际教育集团创始人　孙海牧

1879 年 10 月 21 日，托马斯·阿尔瓦·爱迪生发明了电灯。

《纽约太阳报》记者在采访爱迪生时问道："爱迪生先生，您目前的发明曾经失败过一万次，您对这些有什么看法？"

爱迪生微微一笑说："年轻人，你的人生旅程才刚刚开始，所以我告诉你一个对你未来很有帮助的启示。我并没有失败过一万次，我只是成功地发现了一万种行不通的方法。"

天才和疯子，从来只有一步之遥，因此常常令人迷惑。正所谓"天才在左，疯子在右"。

国内 SAT 培训专家、美国留学专家，在旁人眼中，三立国际教育集团（以下简称"三立教育"）的创始人孙海牧老师身上有着如此众多的光环，以至于在出国教育培训界被奉为圭臬。

然而，同样在旁人眼中，这位毕业于美国西北大学经济专业的高才生，至少放弃了两个旁人艳羡的机会，准确地说那已经不仅仅算是机会，而是虚位以待的岗位——投身美国的家族企业和在美国德勤会计师事务所继续干。

放着安逸的阳关大道不走，孙海牧偏偏选择一座未知的独木桥：回国创业。更让人不可思议的是，10年前的孙海牧做着的是一个"三无"梦想——无资金、无人脉、无明确目标。和马云一样，孙海牧那时唯一拥有的，只是一个朦朦胧胧的、连他自己也说不清楚的梦想。

从人类社会发展的角度讲，教育决定着人类的今天和未来；从国家发展的角度讲，教育是对中华民族伟大复兴具有决定性意义的事业，在人才培养改革中释放的巨大红利将擎起更加美好的中国。回望孙海牧的每一个脚印，这就是他的梦想。

就这样，梦想让孙海牧，开始了他的人生急转弯，开始了他的SAT逐梦之路，开始了"三立教育"的创业之路。

学生时代的孙海牧，身上有几个标签：学霸、爱琢磨、有个性。

南外有多牛？这是全国首批外国语学校，江苏省重点中学，教育部批准的具有推荐保送生资格的外国语学校，还是北京大学"中学校长实名推荐制"和清华大学"领军计划"自主招生的入选学校。

在旁人看来，孙海牧能够考进南外算得上是一个奇迹。孙海牧的父母长期在北京工作，其从小由奶奶一手带大，而奶奶只负责他的吃喝拉撒，学习上的事从来不管其实也没能力管。从不参加补习班的孙海牧能够考成这样确实令人不解和羡慕。

孙海牧自己倒不这么看。

孙海牧从来不掩饰自己的智商："脑子好，有一些用功但不特别努力。"那么空下来的时间干嘛呢？孙海牧也从来不是一个爱玩的人，他称自己在整个学生时期一直在琢磨一个问题：有没有比读书更重要的事？这件事他一琢磨就是10多年。梦想的种子早已埋下，只不过发芽成长要等到10多年以后。

在南外读到了高一后，16岁的孙海牧在父母的安排下，赴美国华盛顿的 Mclean High School 继续高中的学业，当然那里有外公外婆等人的照顾。

在 Mclean 的孙海牧依然还是那样不紧不慢，还是"只有一点努力，不过幸运的是最后大学申请的结果还算不错"。

很难判断这是孙海牧的自谦还是自负，抑或两者兼而有之。"三立教育"的另一个合伙人高品川则直截了当地称孙海牧"就是一个学霸"。

孙海牧申请了5所大学：威廉与玛丽学院、弗吉尼亚理工大学、杜克大学、西北大学和普林斯顿大学，其中杜克大学是孙海牧的首选。除了这是一所排名靠前的顶尖学术大学外，孙海牧选择"杜克"的另一个重要原因是，在那个时期他正疯狂地爱上了篮球，而"杜克"正是篮球名校，曾多次夺得NCAA冠军，那里有美国梦之队教练老K，诞生过七次入选全明星的格兰特·希尔。

孙海牧对"杜克"势在必得，事实上他离"杜克"也的确近在咫尺。"然而，你不得不承认运气从来就是生活的一部分，也就是所谓的谋事在人，成事在天。"对于自己的大学申请经历，孙海牧如此感叹。

由于杜克大学那位工作人员的失误，把孙海牧的申请材料搞丢了。没有苦苦等到"杜克"伸出橄榄枝，孙海牧选择了西北大学。"后来在7月份的时候'杜克'打电话给我，问我还想不想去。但由于我当时所有的西北大学入学手续都已尘埃落定，只得作罢。"回首这段 15 年前的往事，孙海牧庆幸之余，依然带着一丝遗憾。

有时候我们不得不说，命运是个很奇妙的东西，它时而让人捉摸不定，时而又让人相信冥冥中早已注定；它时而作弄人，时而又造化人。不得不放弃了心仪的杜克大学，孙海牧却在西北大学再次遇到了高品川——这个合伙人和"兄弟加亲人"。

未来的"三立教育"大事记中，有一些特别的日子是一定不能被遗漏的，其中第一个日子就是 2002 年的夏天。

那个夏天，在华盛顿的孙海牧和在马萨诸塞州的高品川，从两个相距 700 公里的地方，不约而同地来到芝加哥的密歇根湖畔，参加西北大学的 Summer Camp。两个人又碰巧被安排成为室友。见面第一天，孙海牧问高品川的第一个问题就是——"你考了几门 AP ？"

AP，全名 Advanced Placement，由于课程难度相当于大学一年级，通常是有条件入读，大部分高中要求学生前两年的平均成绩达到 A，甚至 A+，才有资格选择 AP 课程。那时高品川是考了 7 门 AP，而孙海牧则已经考了 10 门 AP。两人的第一次对话，孙海牧"就传递出不可遏制的学霸气息"，这是高品川的第一印象。

由于两人仅仅相差 1 岁，很快成了朋友。短暂的夏令营眨眼就结束了，在做了 5 个星期的室友后，孙海牧和高品川各自回到自己的高中，再没有联系。直到 4 年以后在西北大学的重逢。

生活的乐趣或挑战在于，有些人有些事，注定会出现在你的生活里。对于孙海牧而言，高品川就是这样的人，回国创业就是这样的事。

孙海牧的合伙人高品川，也是一个有故事的人。1985 年出生的他比孙海牧小一岁，但人生的经历却更漂泊起伏，3 岁随父母离开南京，8 岁来到香港，小学就读于澳洲，初中和高中就读于美国。大学一年级高品川就读于纽约州名校罗切斯特大学，大二时转学到了西北大学经济系。

西北大学有近万名学生，幸运的是在茫茫人海中一门金融学的专业课把孙海牧和高品川又重新连接在一起。"直到大四那一年，我才发现我们居然都在西北大学读本科！"两个学霸叙旧聊天，对这次 4 年后的重逢欣喜不已。

那段时间正是孙海牧无所事事之时，因为他几乎已经完成了所有学业，后来在 2007 年 1 月份就提前半年毕业了。毕业前的这个冬天，孙海牧在德勤实习，高品川则在花旗银行投资部实习，在旁人眼里，两人的经历令人羡慕不已。

坐落于密歇根湖畔的西北大学，冬季的绝对气温不算太低，但凌厉的寒风却频率极高，冰冷刺骨。然而，毕业前夕一个晚上的那次对话，打破了这份寒冷和平静。这是"三立教育"中又一个不能被遗漏的日子，甚至可以说是里程碑式的日子。这次对话，不仅仅让两个青年热血澎湃，从此改变了人生轨迹，也改变了上海乃至中国出国留学教育未来的走向。

大学三年级的时候，一直在思考"有没有比读书更重要的事"的孙海牧，找到了他人生中最崇拜的第一个人，他就是陈天桥。那一年是 2004 年，盛大网络在美国纳斯达克上市，《福布斯》杂志以大篇幅报道了陈天桥的创业经历。

孙海牧清晰地记得，那是一个夏日的黄昏，当时正在摩根大通实习的他，在旁人的眼中看起来前途光明，但是只有孙海牧知道自己内心的躁动不安。百无聊赖的他随手拿起一本室友留下的《福布斯》杂志，里面一篇关于中国人的长篇报道瞬间吸引了孙海牧的眼球。

可以毫不夸张地说，孙海牧的人生轨迹从此就没有离开过这个人带来的影响。

同样是学经济学专业，陈天桥凭什么能够做成中国第一家在美国上市的互动娱乐媒体公司？这是孙海牧读完报道后的第一个问题。然而，他并没有在文章中找到答案。

随后，这个问号始终徘徊在孙海牧逼仄的宿舍里，在很长一段时间内没有拉直。

孙海牧近乎痴迷般地恋上了这篇文章，反反复复读了 5 遍后，似乎依稀有了自己的答案。但他并不能确定。

孙海牧回忆道："我在这篇文章中看到了陈天桥的传奇经历，更看到了他的深谋远虑，那种穿透时空的谋略让人佩服得五体投地。可以说，正是陈天桥点燃了我的创业火花。"

时至今日，孙海牧对陈天桥的崇敬依然不减当年。

稍微有点令人意外的是，篮球明星姚明是孙海牧人生中崇拜的第二个人。2002 年，姚明以状元秀身份被 NBA 的休斯敦火箭队选中。那一年，孙海牧刚刚进入西北大学。

如果一定要做一个对比，陈天桥就像是索尼创始人盛田昭夫对乔布斯的影响，而姚明的作用更接近于禅宗大师铃木俊隆。后者对东西方文化的精妙结合，恰如川端康成的小说《雪国》。

姚明加盟 NBA，几乎吸引了北美乃至全球所有华人的眼光，孙海牧自然也不例外。

抽丝剥茧孙海牧对姚明的崇拜，可能由于篮球是孙海牧运动中最爱的缘故，或者是来自两人最大共同点——相同的肤色。然而，如果你真正走进孙海牧的内心深处，上述缘由只能说都是浮云。

"姚明是我在现实生活中能够看到的，唯一一个能把中美文化结合得那么炉火纯青的人。"说起自己崇拜的偶像，孙海牧口若悬河："当然首先是姚明的球技，这是他立足 NBA 的根本。但即使如此，姚明也只是一流。"

对于姚明，来自 NBA 的官方评价称，"站在 2 米 26 的高度，他几乎以一举之力改变了 NBA 只在一个国度风靡的局面，推动了 NBA 至关重要的全球化发展"。

孙海牧说："姚明在篮球界的成功不可否认，但这不是吸引我的最主要原因。如果单论球技，姚明还没有达到超级球星的高度。"我们不妨如此解读孙海牧崇拜姚明的话外音，那就是自己作为一个在美国求学的中国人，将来怎样将这两者的优势结合并发挥到极致？而在这一点上，姚明无可挑剔，近乎完美。

孙海牧想着的，还是"有没有比读书更重要的事"。当然，前提是和姚明一样，先打好球。

孙正义是孙海牧为数不多的又一个崇拜对象。孙正义 1978 年从美国加州大学伯克利分校毕业，回日本三年后创建了软银集团。

与其说孙海牧是仰慕孙正义把资本和科技完美结合的高超技巧，不如说他更是认同孙正义那种"人因梦想而伟大"的理念。事实上，梦想一直与孙海牧如影随形，甚至沦肌浃髓。早在 1999 年孙海牧赴美就读 10 年级的时候，在他行李中携带的中文书中，绝大部分是黄易的武侠小说，从《覆雨翻云》《星际浪子》到《破碎虚空》《寻秦记》。

孙海牧喜欢黄易，喜欢黄易巧妙地将时代政治、阴阳学说及哲学融合在了一起，构织出一个动人独特的武侠世界，更喜欢黄易以不断创新的手法，为传统武侠注入新的元素，创作出结合历史、科幻、战争、谋略的作品。说白了，孙海牧喜欢黄易，就是喜欢黄易的"想象力"。

2017 年 4 月 5 日，享年 65 岁的黄易病逝。噩耗传来，孙海牧唏嘘不已，当天他在朋友圈中感叹：他的处女作《破碎虚空》至今还经常会读，他的书大部分都看过。黄易确实是位天才的武侠小说作家，丰富的想象力、语言的运用力和对中国文化的理解力让人惊叹。愿黄大师一路走好，就像他笔下的传鹰一样破碎虚空突破生死大关。

顺着孙海牧崇拜的目光，我们明显可以捕捉到这样一条清晰的理念：中美文化的融合和取长补短；对未来无限的想象力、远大的战略眼光和那颗放纵不羁之心。

不得不说，今天的"三立教育"已经深深地铸上了这样的烙印。

还是让我们的视线重新回到那个密歇根湖畔的冬晚。两个20岁出头的热血青年，正青春肆意，意气风发。

学业、职场、爱情……这些都不是重点。两颗躁动的心，主导了这场谈话的走向。22岁的孙海牧在美国待了8年，21岁的高品川在美国待了10年，呼吸了太久的北美空气，一直渴望着一份新鲜感和来自故乡的风，两人有一种不可遏制的冲动：回国发展。

实事求是地讲，两人的想法并非完全是冲动。孙海牧说，我们希望把自己在美国学到的东西带回国内。我在美国念的是公立高中，高品川念的是泰伯私立高中（Tabor Academy），然后又通过考试和申请进入了美国的大学。于是，我们产生一个想法：能否通过我们的考试培训，帮助国内的学生达到也来美国上大学的水平。

多年以后，孙海牧还是为两人当晚的决定感到一丝幼稚："当时就觉得有种强大的 calling（内心召唤）要回中国做些事情。虽然我那时对中国已经是不太熟悉了，但那几年恰恰是中国发展非常快的几年，完全是天翻地覆的变化。我当时感觉世界的未来可能在中国吧，所以就很傻很天真地跑回来了。哈哈。"

两人都是说干就干的人！

在德勤干了短短的 10 个月后，孙海牧毫不留恋地辞职了。在那天回国的航班上，心里完全没底的孙海牧找到了一个给自己打气的理由：实在找不到工作自己还能教 SAT 嘛。

岂料一语成谶，一番误打误撞接触后孙海牧竟成了今天的 SAT 专家。对此，孙海牧则戏称，英语中有一句话叫"Be careful of the wishes"，这次算是亲身体会到了。

背着行囊，带着自己在德勤赚的 20 万人民币，孙海牧只身来到了上海。

事实上，孙海牧回国创业的举动中还暗藏着自己的小心思：

远离家族企业，远离父母，"所以就选择了非亲非故的上海"。

接班在华盛顿的家族企业，是家人对孙海牧的期望。可是，在暑假经历了家族企业的实习后，孙海牧有些失望。他是一个干什么事情都有自己主张的人，但很遗憾，在那里他必须没有想法。换句话说，孙海牧只要执行指令就可以了。

这显然与孙海牧的人生理念大相径庭。

作为孙海牧的父母，对儿子的决定相当失望。虽然孙海牧在上海的房租是父母出的，但这是在延平路上一个小区里的"群租"。"3个人住一个两室一厅，但我那房间仅5平方米，里面只有三样东西，床、缝纫机和电视机。那台缝纫机特别重要，因为它还充当了写字台的功能。"孙海牧对最初来到上海的日子记忆犹新。

父母可能是存心给孙海牧创造这样的居住环境，为的是"逼"儿子知难而退，早点回归家族企业。

这一招果然见效，但"见效"的是反作用。简陋的环境和艰苦的条件恰恰激发起了孙海牧的好胜心，竟成了孟子那段"天将降大任于斯人也，必先苦其心志，劳其筋骨，饿其体肤"在其身上的最好注解。"这恐怕也是父母教育孩子用心良苦却往往适得其反的最好例子了"，时至今日，对于 10 年前的这段插曲，孙海牧如此总结道。

回望孙海牧的创业人生，有着太多的不可思议，或谓之巧合。用玄学之语是"冥冥之中自有天意"，或用鸡汤慰藉则是"机会往往是留给有准备的人"。

刚回国的孙海牧当时处于一个很困惑的状态：一没有资金；二没有资源；三没有人脉。前途在哪里？孙海牧自己也很迷茫。

碰巧的是，一个西北大学校友在上海做了一个 SAT 项目和相关的夏令营，邀请孙海牧前去帮忙。孙海牧干的是类似辅导员的活儿，主要是管理孩子们的起居生活。"最后那个项目搞得不是很成功，我不仅没有赚到钱，还贴了好多。"但是孙海牧并不沮丧，因为他"发现这是一件可以做下去的事情"！

SAT 和 SSAT 在 2008 年尚属新生事物，方兴未艾。就这样，误打误撞的孙海牧从美国归来后，幸运地找对了风口。而那位领他入门的校友，却失望地回到了美国。上帝就是这样有意思，或造化人，或作弄人。

2007 年年底，孙海牧开始创办"三立教育"。2008 年 2 月，高品川如约归来。这样，公司就有两个人了。

对孙海牧和"三立教育"而言，高品川的到来既是精神上的驰援，也是商业上的开拓。高品川具有一个互补于孙海牧的优势，那就是他的初中也是在美国就读，然后通过 SSAT 考试进入私立高中。而 SSAT 的培训，那时中国家长还不知为何物，在出国教育培训市场上绝对是个空白点，这让"三立教育"可以把目标客户瞄准在那些有意就读美国高中的孩子身上。

不得不承认，孙海牧和高品川是天生绝佳的合作伙伴：两人年龄相仿，既是南京老乡又是同窗，有一种天然的亲近感。孙海牧是双鱼座，经常自嘲自己因此分不清理想和现实，爱做不切实际的白日梦，幻想太多；高品川是巨蟹座，除了同样具有梦想家的浪漫活力，还具备更多的细腻和实际。

在星座学中，双鱼座和巨蟹座同属水象星座，在配对评分上是 100 分，天生的一对，在个性及思考模式方面都很类似。除了"诗和远方"，两人的最大共同点就是都拥有坚强意志力和耐力，不屈不挠。

2008 年 4 月，"三立教育"的第一个班，在静安区的环球大厦开了起来，孙海牧和高品川撸起袖子，亲自上阵授课 SAT。

有人曾经问孙海牧："如果当初没有创业，你会选择什么职业?"

　　孙海牧的答案是：当一名老师。孙海牧进一步解释道："其实我也经常在想这个问题，可能会当个大学老师吧，或者当个高中老师，因为我的理科特别好。去香港或者美国。"

　　此言不虚。即使当一名教育培训机构的老师，孙海牧也是那样游刃有余并且与众不同。

　　在"三立教育"的名师介绍中，是这样描述孙海牧的——国内第一批进行 SAT 教学和研究的老师，至今已有 10 余年 SAT 教学经验，是国内屈指可数的全能型 SAT 培训专家。在过去几年中，孙老师共教出 15 位 2400 分学员，超过 70 位阅读、语法、写作满分学员！

　　这样的描述未免枯燥。从学生的视角看，他们印象中的孙海牧，风趣、严厉又富有激情，是个让人又爱又恨的家伙。

　　让我们从两名 90 后学生的文字中来感受一下作为老师的孙海牧的魅力：

　　——孙老师上课时的样子很可爱。他的身材应该算是厚重敦实的，占据半个白板，因此上课时要侧着身子。当然啦，白板本身也不大。他举起一支笔，却又是和他的粗壮手臂不太相称的，在白板上写着清晰干净的英文字。有时要举例子了，却又是极为可爱的。"这个逻辑关系就像是×××同学（男生），他认同××同学（女生）的很多地方，但在这个地方上有点异议。"这种例子数不胜数，总是有一点戏谑，让死板的题目、密密麻麻的小字、枯燥的逻辑变成了说相声的最好材料。

——"你们每天犯着同样的错误，就丝毫没有内疚感么！能允许自己重复犯错误怎么能进步！"一个上过 SAT 冲刺班的同学曾这样被孙老师吼叫过。确实，孙老师就像那个提着鞭子的人，抽打着学生们不断向前。当有学生重复地询问一些在他看来极傻极低级的问题时，他又忍不住地有些歇斯底里，让人惧他三分。

作为老师，严格甚至有点苛刻的孙海牧又是随性的。

2010 年的时候，SAT 分数还没现在刷得那么高，2100+ 已经是一个很高的分数了。有一次孙海牧曾向学生夸下海口，谁模考到了 2200 就去隔壁的 MALL 里买个 GUCCI 奖励他（她）。结果竟然所有学生的分数正好都在 2150—2200 分之间。孙海牧虚惊一场。

虽有"前车之鉴"，但孙海牧的授课方式依然不乏激情和随性。这一次，他的奖励是一顿 400 元的日料海鲜自助餐。不知是孙海牧看走了眼还是学生们憋足了劲，最后差不多有 10 个学生达到了奖励的标准。孙海牧愿赌服输，如约掏出了 4000 大洋。但是孙海牧却说掏得心甘情愿，不仅是因为请得开心，而且这群风华正茂的孩子"全把本都吃回来了"。

不可否认，在"三立教育"初创时期，孙海牧面临着很多质疑。

一个刚毕业的 23 岁老师，面对的学生差不多也有十八九岁，的确让人很难有第一眼的认同感。当时学生家长的想法大致有三种：有些一开始就觉得这么年轻肯定不靠谱，转身离去；有些觉得孙海牧虽然年轻了一点，但还是有可取之处，就试着进一步接触，然后感到这个人还是挺认真负责的，就把孩子"托付终身"；还有些觉得孙海牧毕业于名校，一开始就坚信不疑，当然这种人数量最少。

孙海牧的做法是全力回报第三种人，尽可能吸引第二种人，让第一种人后悔去吧。"一定要把相信你的人服务好"，这就是孙海牧那时最朴素最纯真的想法。

西北大学毕业生的实力当然毋庸置疑，更何况又是学霸。但最难的是坚持和相信自己。"现在想起来当初的状况，自己都觉得挺可怕的。但还是那句话，一定要坚持，坚持下来事情都是会有转机的。但你就是要把一开始就相信你的人服务好，把口碑慢慢传出去。"孙海牧说，创业最难的地方就在于你在任何情况下都要相信自己，让自己永远拥有巨大的精神力量。

无数事实证明的确如此。托马斯·阿尔瓦·爱迪生对于自己在发明电灯前曾经有过的一万次失败是这样解释的，"我并没有失败过一万次，我只是成功地发现了一万种行不通的方法"。这是一种巨大的精神力量，正是因为有了这种力量，才造就了伟大的爱迪生。

孙海牧进一步解释道："我觉得最主要的一点是focus（聚焦）。在做一件事的时候其实最主要的就是想好，做这唯一一件事，你真的就 focus on（全神贯注）在这一件事上，把这件事做到极致，你就会非常意外地收获很多很多东西。"

正是有了这种聚焦，让"三立教育"开始赢得口碑。3年以后，到了2010年，"三立教育"声誉渐起，开始作为一股不容忽视的新生势力，让上海滩的出国教育培训机构有了一丝威胁感。

时至今日，"三立教育"已有近500名员工，培训机构遍及包括香港在内的全国16个城市，还有3个海外培训机构，孙海牧要操心的事情很多，每个星期至少需要出差一次。但是，孙海牧还是会坚持每周上课，因为在孙海牧的心中，牵挂得最多的还是他的学生。在他的微信朋友圈里，发得最多的就是关于学生的信息：

——今天一早起来，各种录取讯息如潮水般涌来，祝贺各位圆梦的同学，确实为你们自豪。万一结果没有那么理想，其实人生也才刚刚开始。我现在体会到做教育的最好点在于我部分参与了无数个孩子的人生，酸甜苦辣，不尽相同。

——我学生太多，大多记的是学员外号，今天早上看着全国各地一个个学生从××哥，××姐变为哈佛哥、耶鲁姐、哥大哥、布朗姐等等，内心无比激动。有好消息记得与我分享啊！

——恭喜录取 CMU、Rice、BMC、William Mary、Wake Forest、Emory 等等学校的同学们。我只想说，我在期待最后一周的结果。沉住气，the best is yet to come。

——这次 3 月的北美考试参加的同学很少，但是结果令人满意。截至目前，已经有 6 位 1500+ 的学员了。大家快来报分吧！

……

有人曾问孙海牧，在"三立教育"创始人、国内 SAT 培训第一人、美国留学专家等称呼中最喜欢哪一个？孙海牧确定而自信地回答，还是老师！我觉得老师最能客观地表述我这个人！

"三立教育"在稳步前行。

2011 年，在南京开设第一个异地分校；2012 年，在杭州开设分校；2013 年，在深圳开设分校；2014 年，在香港开设第一个境外分校；2015 年，学员人数首次过万，并开设国际部。

2016 年，"三立教育"终于捅破了最后一层窗户纸，迎来历史性的突破时刻。

2016 年 3 月，SAT 在北美进行改革后的第一场考试。对于出国教育培训机构而言，这无疑是一次重新洗牌，或者形象地说是一次海水的巨大退潮。正如巴菲特所言，"只有退潮之后才知道谁在裸泳"。

机会总是留给有准备的人。"三立教育"在这场海水退潮中显示了其前瞻性，因为孙海牧的教育理念与新 SAT 的要求不谋而合。至 2016 年 10 月在亚洲区进行的 3 次考试中，"三立教育"的学生取得了 130 名以上 1500+、平均考生成绩 1480 分的佳绩；在 ACT 考试中，出现了多名满分学员，一举奠定了孙海牧在新 SAT、ACT 领域的行业地位。

秘诀从何而来？先进的理念、科学的管理和强大的师资。

先看理念。孙海牧表示，"三立教育"培养学生的不只是简单的记忆性技巧，而是较高的分析和理解能力。

知名华人数学家、哈佛大学教授丘成桐曾兴冲冲地赶到杭州，去与一群刚在高考中取得好成绩的数学尖子见面，结果却让他颇为失望："大多数学生对数学根本没有清晰的概念，只是做习题的机器。"

丘成桐的失望也正是孙海牧试图竭力改变的状况。孙海牧深知美国大学需要学生拥有什么样的能力和思维方式，所以"三立教育"的理念并不仅仅是让学生接受所谓的 SAT 地狱训练，一味地从中国应试的角度让学生出高分。"我非常想让学生更加理解美国教育是什么，美国教授到底是怎样思考的，这样他们到美国后也会更加适应新的教育环境。我们想教得美国化一点点。"

没有人料到，正是这一点点的元素，让越来越多的学生认可"三立教育"，因为在这里获得的不仅是一个分数、一份申请文件，而是一份助其实现人生理想的精神财富。

从这个角度讲，就会非常容易理解孙海牧下面的这句话："我喜欢做与人有关的生意，而不是技术。"这固然和孙海牧最初的老师生涯密不可分。

再看师资。"三立教育"开放性的胸怀，吸引了各路能人和具有国际化视野的人才。随便列举几个"三立教育"的名师，个个身手不凡：BEN，擅长英语、中文、韩文和希伯来语等多种语言，出生在非洲，长大在加拿大，父母是波兰裔。毕业于加拿大圭尔夫大学（University of Guelph）历史和哲学系，曾周游世界。程浩，毕业于英国杜伦大学（University of Durham），并取得了翻译研究课程的优等硕士学位、英语语言与文学学士学位，系中国翻译协会会员，曾在传媒公司以翻译、记者身份出席过柏林电影节、米兰与巴黎时装周，担任过某知名外企全球管理培训生英文面试官。Maggie，出生在上海，两岁半移民美国。毕业于加州大学圣地亚哥分校，主修心理学，并且取得了以英语为第二语言的教师资格证。Michael，出生在美国华盛顿，在荷兰读了4年小学，高中就读于美国著名私立男校St.Albans，毕业于美国普林斯顿大学，主修心理学和日语……

Maggie 坦言，"这是一个多元化的公司，服务各种各样的学生，包括中国当地的学生、国际学校的学生以及在美国以英语为母语的学生。这里有一个很友善很重视老师的工作环境。而孙海牧和高品川都是非常公平和大方的老板，在我为期近5年的工作中，从未改变过"。

媒体和同行是这样评价"三立教育"的：运营8年时间后，"三立教育"成功跨越七年之痒，跻身中国全国性领先连锁教育企业，在 SAT、SSAT、TOEFL、GMAT 等出国留学考试培训、出国留学咨询、暑期游学组织领域均获得稳固的高市场份额，极佳的口碑享誉全国。

金梧引凤。一时间，各路资本纷至沓来，孙海牧眼花缭乱。

托马斯·约瑟夫·登宁曾说过，资本的"本性是胆怯的，这是真的，但还不是全部真理。资本害怕没有利润或利润太少，就像自然界害怕真空一样。一旦有适当的利润，资本就胆大起来"。

从技术含量角度来说，SAT 领域属于教育培训的高壁垒行业，当"三立教育"在全国竞争最激烈的上海市场取得了 60%以上的市场份额、学生平均分数每年排在所有中国考生最前列的时候，逐利的资本嗅到了利润的"血腥"，他们开始"胆大起来"。

乱花渐欲迷人眼。虽然"三立教育"的扩张需要资金输血，孙海牧的选择却异常冷静和谨慎："我首先选择的是理念，只有共同的理念才能做共同的事业。"同时投资方的资源也是孙海牧看重的方面，"不仅仅是钱"，他希望对方"能给三立带来实实在在的东西"。

在"三立教育"被第三方评估价值达 3 亿人民币后，2016年 5 月，"三立教育"获得 A 轮融资，独家投资方盈港资本称将助力"三立教育"打造国际教育一站式服务；2017 年 4 月，"三立教育"完成 A+ 轮融资，独家投资方金浦创新消费基金称将助力"三立教育"迅速成长为国际教育领域的领军企业。

来自美国国际教育协会发布的《2016 年门户开放报告》披露，截至 2016 年，中国在美留学生数量达到了 328,547 人，而在 10年前，这个数字仅有 67,726 人。

中国留学生的数量成倍增长，无疑是孙海牧和"三立教育"的最大利好。孙海牧的目标越来越清晰：争取用两年的时间，把"三立教育"做成上市公司，在中国内地或香港上市。而线上的业务做大做强后，未来将在美国纳斯达克上市。"目前新东方和好未来的市值都接近 100 亿美元，这是两个教育界的巨无霸。未来三立的目标是做第三个巨无霸，其相当一部分盈利将来自海外。"

做国际化的巨无霸，这是孙海牧心中最新的"诗和远方"："三立将走更加国际化的道路，美国、欧洲、中东、亚洲，都是三立的目标，我想把三立做成教育界的'华为'。"

"建设教育强国是中华民族伟大复兴的基础工程，必须把教育事业放在优先位置，深化教育改革，加快教育现代化，办好人民满意的教育。"党的十九大报告中关于发展教育事业的表述，让孙海牧感慨不已。

"最初所拥有的只是梦想，以及毫无根据的自信而已。但是，所有的一切就从这里出发。"

这句话一直印刻在孙海牧的血脉里，激励着他一次又一次出发。

四

事业有方圆　大爱无极限

——记上海辰基电子科技有限公司董事长、金寨在外（上海）

创业者协会会长　徐　力

艾青的诗《我爱这土地》中有一句："为什么我的眼里常含泪水？因为我对这土地爱得深沉。"来自安徽金寨大山的儿子徐力同样拥有如此情怀，莲花品质，外直中通，君子风范，厚德载物，以拳拳回报来表达对家乡母亲深深的热爱……

徐力说："企业来自于社会，也必将还原于社会，这是一种新形势下的社企关系。虽然追求经济利益是企业发展的主要目标，但绝不应该成为企业家的最终目标。企业的财富来自社会，来自于党和国家给予的优越的政策条件。因此，承担社会责任是企业应该自觉去履行的义务，也是对社会、对国家的一份贡献。"

事业有方圆

泰戈尔说："只有流过血的手指，才能弹出世间的绝唱；只有经历地狱般的磨炼，才能练就创造天堂的力量！"

徐力小时候家里非常贫穷，但父母对他要求特别严格，常常叮嘱他"人穷志不穷，一切想要的东西，要靠自己的双手和汗水去获得，不能有不劳而获的思想……"这些话让他铭记在心，从小就立志要通过努力创造自己的生活。

穷人家的孩子早当家。他有主见、有思想、有头脑，不走平常路，敢做他人不敢做的事，在贫困的生活中磨炼出坚强的意志。他深知，知识才能改变命运，只有好好读书才能走出大山。因此，他非常珍惜读书的机会，勤奋学习，即使在家里无法交学费的情况下，也通过挖药材、砍柴卖柴、卖树、采香菇木耳、剥栓皮、砍桁条、贩木材等办法赚钱，维持学业。

上中学时就通过做各种小生意维持自己的学习和生活，有时还能补贴家用。在那个物质匮乏的年代，他常常帮助身边困难的同学，加之性格正直，善良仗义，学习成绩优异，因此，备受同学们的拥戴。

1990 年，他怀揣着梦想走出了金寨大山，来到上海。初来乍到，举目无亲，经历了太多的辛苦。那时，上海周边郊区多以乡镇企业、村办企业及个体作坊为主，而且招收工人也少，外地人更难进厂工作。一段时间里，他流浪于上海各个角落寻找工作机会，寻求生存的空间。他在工地上做过小工、栽过树、卖过菜、捡过垃圾、卖过羊肉串扣萝卜丝饼等营生。当时，他和许多外地到上海来务工的人员一样，住过桥洞、公园。但他并没有觉得有多苦，并抱有一个坚定的信念："别人能做的我也能做到，别人不能做的我也能做到。"

最痛苦的是卖菜的一段经历，其间的酸甜苦辣让他刻骨铭心，终生难忘。几年里，只要不下雨，每天凌晨两点起床，将整理好的蔬菜装入铁框或者蛇皮袋里，放在改装的重型自行车后座两边，骑行两个多小时，赶到菜市场，寻找摊位。九十点钟卖完菜，吃点东西后急忙赶回去。下午去批发市场或农户家里批发蔬菜，到下午四五点钟开始进行拣摘、分类、扎好、喷水等步骤，到晚上七八点钟才整理完毕。一天只能睡 4 个小时，挣到 30 到 50 元，有时下雨菜卖不掉就会腐烂，造成亏损，就这样日复一日地干了一年多时间，由于太累实在难以坚持。

卖菜期间，他见别人收购易拉罐，收回后切成铁皮，与上面铝盖分开，到一定的数量时就会有人上门收购。这样，白天收购，晚上回来分拣，雨天里也有活儿干。而更为重要的是能为社会节约资源、减少浪费、保护环境，百利而无一害。

1995 年，他决定放弃卖菜生意，做起了废品收购。于是，他租下了上海松江郊区一农户家的场地，建立了废品收购站，收购易拉罐、铁皮，同时收购纸板、塑料等废品，分类后直接卖给废料加工厂。不久，有着敏锐眼光的他，渐渐从中捕捉到商机，并有了进行废料加工的想法，从收购生活废品到工业废品加工成产品，这是一个利润增长的过程，也是智慧充分发挥的过程。

1999 年，徐力到浙江考察了两个星期，并与一家公司签订了合作协议。回上海后，立即租了厂房，购买设备，成立了上海奎胜机电有限公司，进行废料产品加工。

随着规模的不断扩大，2001 年，他在松江购置了 20 亩土地，投资 500 万元，注册成立了上海普山五金配件有限公司，并与一家大型台资企业签订产品加工合同。

普山五金配件有限公司是以收购各类工业废料并进行循环利用的企业，同时收购稀有金属、有色金属、黑色金属等各类金属、各类塑料、各类废料、各类包装材料等废旧物资。其中，加工以金属薄板和塑料为主，主要产品为工业电机、汽摩配件以及五金配件和塑料制品。做到减少浪费、节约资源、变废为宝，属于建设节约型社会循环经济型民营企业。几年后，公司发展到建

有标准厂房 4 幢，生产设备 60 余台（套），员工及技术人员 200
余名。具有特种行业经营许可证，并通过 ISO9001 质量管理体
系和 ISO14001 环境管理体系认证，具备收购并进行循环利用各
类工业废料的能力。

公司以"节约资源、减少浪费、保护环境、服务社会"为宗
旨，成为享誉业界的明星民营企业，松江区纳税大户，多次受到
各级政府及相关单位表彰。

当然，普山五金公司在发展中，远没有说得这么容易，经历
了曲折的过程。2001 年，公司刚刚起步，为了拿到一家知名企
业的产品合同，大年初二，徐力直接找到这个企业的负责人，真
诚地说："我虽没有其他竞争者那么实力雄厚，但我有诚信、大
别山人特有的纯朴品质和坚强意志，而且我还有一支具有这种品
质的团队。我恳请您能给我这个机会，请相信，我一定会珍惜，
我的企业也肯定会发展起来，我也一定能成为一个优秀的企业
家，绝不会让你失望。"他的一番话终于感动了这位知名企业家，
真的把机会给了他。他也没有令其失望，在以后的合作中，徐力
恪守承诺，且远远超过预期。

因这次合作成就了徐力，他的企业得以迅速发展。后来，这
位"伯乐"企业家和徐力不仅成了生意上的重要伙伴，还成为生
活中的挚友，当他的企业也遇到了困难的时候，徐力更是倾力相

助，投桃报李。

随着数码时代的快速发展，国际电子市场风起云涌，方兴未艾。徐力通过市场调查后看准时机，于 2008 年投资成立了上海吉基电子有限公司，为苹果、三星、戴尔等大公司加工手机、电脑配件产品。为实现规模化、现代化、规范化生产，使企业做强做大，再上新台阶。2010 年年底，他在上海金山朱泾工业园购买 60 亩土地，斥资两亿元建设几十万平方米的标准化厂房。通过整合资源，成立了上海辰基电脑科技有限公司，从事电子科技领域内的技术开发、服务、咨询，电脑、汽车配件、电子、电器设备及配件、电动机、起动马达等配件的制造、加工，五金冲压件、五金材料加工以及从事货物进出口及技术进出口业务，规模宏大。高峰时工人 1200 多人，产值数亿元，取得了良好的经济效益和社会效益。

2009 年，他响应安徽六安市政府"凤还巢"招商政策，参与新六安建设大潮。他在安徽六安投资成立了翔基电子有限公司，同时投资文化产业"六安热线"。

为了回报家乡，2010 年，通过招商引资，他回金寨投资成立了安徽汇联置业有限公司，在金寨吴家店镇从事房地产开发，成功地建设了商住结合的汇达花园，现代化的设计与完美的外观，成为坐落于大山深处的小城，一颗镶嵌在青山绿水间的明珠。现商贸两旺，并成为享誉皖鄂两省农特产品、中药材等重要集散地。

2015 年入股映山红农业开发有限公司，参与金寨西庄温泉度假村的投资建设，为家乡旅游事业添砖加瓦……

"长风破浪会有时，直挂云帆济沧海。"回首创业之路，他无限感慨。就在他租赁松江郊区一农户家场地准备建立废品收购站时，还不被上海人接纳，甚至受到当地人的排斥。

他诚实热情，乐于助人，与四邻关系很好。一年后，周围的上海人都对其竖起大拇指，说这个小伙很好，是值得信任的；三年后，这些邻居见证了他艰苦打拼，事业有成，得到过他的许多帮助，还与房东家的女儿相爱并结婚。

大爱无极限

经商者，唯利也。其实，历经商战，一分风雨，一分收获。创业拼搏不能仅仅以追逐利益最大化为目标，向往独自安宁与幸福。能延伸集责任感、使命感于一身的综合体，让众多人共赢发展。播撒爱心，传递温暖，帮助那些需要帮助的人才会更有意义。

徐力说："我们可以走得很远，却走不出母亲的视线。我的根在大别山金寨，那里是我生命的源泉。所以，无论何时何地，都想念着家乡，关注着家乡的发展。"

1997年，徐力回家乡金寨吴家镇时，这里仍然交通不便，经济落后，与他离开时没什么两样，道路狭窄而高低不平，居民房屋低矮破旧，猪、牛、羊圈，厕所杂乱分布。一到雨天，道路泥泞，污水横流，难以下脚。特别是村民们饮水困难，几个村子共用一口井吃水，遇到天旱水井干涸，要到很远处挑水……他看在眼里，急在心上，为改善和解决自己家乡村庄的饮水问题，他出资80万元，兴建自来水工程，从山上把水引到村庄，让附近村庄的几百口村民们用上了干净卫生的山泉水。

接着自己进行了规划，把所在村庄的猪圈、牛栏、厕所进行搬迁和改建，房屋进行统一修缮和粉刷，有效地改善了村民们的居住环境。

他想，要想富，先修路。他又出资修筑本村通往茶公山、简家畈、西河等几处村庄公路。致使全镇周边通往各村庄的公路均为水泥路，周边的村庄早已是焕然一新，可以说，这里已提前十几年在全县达到新农村建设的标准……

一年之计，莫如树谷；十年之计，莫如树木；百年之计，莫如树人。知识改变命运，教育推动国家发展，家乡金寨属于贫困县，特别是山区学校教学条件差，师资力量不足，面临很多困难。徐力认为，脱贫必先扶智，为助力家乡教育事业，2001年，他出资200多万元兴建了吴店中学教学楼，并亲笔题字为同心楼，意义深远。同时，进行了教师宿舍楼改造、标准化操场建设及为优秀班级、班主任每学年提供奖学金。2016年，该学校遭受洪灾，部分房屋和设施被冲毁或损坏，他又捐款进行修建。

2001年以来，他先后出资修缮了包畈中心小学、柳林河小学校舍。在了解到银山畈中心小学教育需求后，捐资10万元为银山畈中心小学添置课桌凳、教师办公桌椅及音像器材。日前，为给吴家店镇学龄儿童提供良好的学习环境，他决定从自己从事开发的建设用地中划出两亩多，捐赠给吴家店镇幼儿园。

2012年7月，他获悉家乡的学校金寨一中多年来培养了一批清华、北大的学生。他深知这些成绩的取得，主要得益于学校的精细管理，老师的敬业奉献，学生的勤奋刻苦。特别是一中的老师爱学生、爱岗、爱教的精神深深地感动了他，他决定拿出13万元作为奖励基金，对优秀教师进行奖励，对贫困学生进行资助。

他在2012年金寨一中捐款仪式上说："三尺讲台，三寸舌，三寸笔，三千桃李；十年树木，十载风，十载雨，十万栋梁。是您们呕心沥血为我们国家培养了一批又一批品学兼优的栋梁之材，让我们更多的金寨大山的孩子们以知识改变命运，走向社会，实现梦想，成为各行各业的有用人才。所以，我深深理解老师为什么被称为是阳光下最光荣的职业。一个孩子考上大学，几年后就可脱贫一个家庭，带动一批乡邻，改变几代人的命运。"

在之后的连续几年，他每年向金寨一中捐款 13 万元，旨在能解除部分特困生的后顾之忧，集中精力学习，同时，激励和提高教学水平，为家乡的教育事业作出一份贡献。

1997 年，得知家乡一洪姓女孩患先天性心脏病，因家庭贫困无钱医治，生命垂危。他出钱资助，并将其送到上海医院进行手术治疗，痊愈后回到老家，现已结婚生子，生活幸福。多年来，他捐款救助的重症病人不计其数，为服务家乡人民，开展了送健康活动，多次出资赞助上海市第九人民医院等医疗专家到金寨县义诊……

心存善爱，遵行孝义。村里有几户贫困家庭房屋破旧，他就出资给他们建好，有邻居建房或有困难他就出手相助。特别是他对待家乡"五保"及高龄老人照顾十分周到。他自己双亲已逝多年，自小就孝顺的他在心底总有着遗憾，辛苦一生的父母没能看到他事业有成，分享他成功的喜悦。每当看到孤寡老人、高龄老人时，敬孝之心油然而生。因此，每到春节，他尽可能回到老家过年，只要回去，都要花不少钱买礼品，看望敬老院的老人们，并给村里高龄老人发红包。让老人们在过年时感到温暖、开心。

在家里，他经常教育自己的子女要诚实善良，给他们讲解"老吾老以及人之老，幼吾幼以及人之幼"的道理。

2012年9月，在金寨在外（上海）创业者协会成立大会上，徐力被选为协会会长，同时担任上海市安徽商会、六安商会副会长等，承担起更多的社会责任。徐力说："共同的金寨情结，让众多在上海创业的金寨儿女走到一起，筑起了一个互动交流的平台，一个维系感情的平台，一个无私奉献的平台，一个共同发展的平台。通过这一平台听乡音、叙乡情，谋发展、创未来。作为协会会长，我觉得身上的担子更重，领导的期盼，会员们的信任……在感受到压力的同时，更让我感受到这是一种动力，这种动力是一种使命。我愿与协会同仁们一起，脚踏实地，共同努力，探索、开拓出一条协会健康发展的道路，真正把金寨在沪创业者协会办成在上海的金寨人的'大家庭'，从而更好地服务家乡，服务社会！"

五载如歌，初衷未改。协会自2012年9月成立以来，他视协会的事为家里事。呕心沥血，无私奉献，用行动践行他的承诺。作为金寨县政协委员、金寨在外（上海）创业者协会会长，他时刻关注着家乡的发展，不失时机地宣传和推介金寨，多次组织招商、旅游等推介会，积极为家乡的招商引资牵线搭桥。多次带领在上海创业的企业家回家乡参观考察，感受家乡的发展，学习家乡的精神，聆听家乡的教诲，参与家乡的经济建设。鼓励和帮助他们回家乡投资兴业。可喜的是一批又一批在沪企业家，心系桑梓，投入到如火如荼的家乡经济建设大潮中。

做好协会工作，发展各自企业并做大做强是重要前提和保证，如何让会员企业做到持续稳步发展，一直是他关注的问题。于是他多次组织会员到上海张江高科技园区、上海自贸区考察和参观，并多次召开座谈会，带领大家寻找高层次科技项目进行投资或者合作，寻求在新形势下企业健康、稳步和持续发展的新途径。邀请法律顾问讲授以企业持续发展的法律保障为主题的法制课。围绕"守法经营、依法维权、预防纠纷"这一宗旨，诠释法律在企业发展进程中的重要意义，希望大家在创业的同时，学法、知法、懂法，正确维护自己的合法权益，为企业的健康发展保驾护航。

2016 年 7 月，家乡金寨遭遇特大洪灾，他心急如焚。为让家乡受灾群众早日恢复生产，重建家园，他倡议协会会员伸出援助之手，自己带头慷慨解囊。在他的感召下，广大在沪创业者积极响应，短时间里募集捐款 50 多万元。并组织会员们及时回到家乡，将善款送到受灾家庭。

特别是习近平总书记 2016 年到金寨考察指导扶贫工作，并作重要指示，徐力多次召开协会党员和班子会议，结合十九大报告："全面建成小康社会，一个不能少；共同富裕路上，一个不能掉队。"倡议协会党员及会员要不忘初心，牢记使命，响应家乡金寨"扶贫攻坚，精准扶贫"的号召，回家乡对贫困户进行结对帮扶，直至脱贫。

徐力说："今年，正值国家全面建成小康社会的关键时期，更是深化改革开放，加快转变经济发展方式的攻坚阶段。因此，我们协会的工作同样要与时俱进，深入学习贯彻习近平新时代新时代中国特色社会主义思想及来金寨考察扶贫工作中的一系列重要讲话精神，结合自身实际，为会员、为家乡、为社会做出更多有意义的事，为全面实现中国梦作出一份贡献。"

作为一位民营企业家，徐力不仅热衷于做一名优秀的企业家。同时，做好慈善事业也是他人生的一大目标。20 年来，累计为社会、为家乡教育、助老、帮残、扶困以及基础设施等各项公益事业捐款 1000 余万元。

三十年商海拼搏，风雨兼程。他感恩亲人、家乡，感恩时代，感恩国家。正如星云大师所言："感恩不一定是感谢大恩大德，而是一种生活态度，是一种善良的人性美。感恩一切好的，给我们带来了幸福；感恩一切不好的，增强了我们追求幸福的能力。心存感恩心灵才会获得宁静和安详，才会少了许多怨气和烦恼，才能发现更多的美好。"

　　回首过往，他对人生有着更深的理解和感悟，他说："人生有尺，做人有度。人生靠自己，生活靠努力。你若耕耘，就有收获；你若努力，就有希望；你若自信，就有微笑；你若看开，就有快乐。用纯净的眼光看世界，世界就是精彩的；用淡然的方式去生活，生活就是美好的；用平常的心态看得失，人生就是轻松的。品尝了苦涩，坚定了信心，珍惜了经历，懂得了追逐的意义，理解了奋斗的目标。很多时候，我们都是在得失成败中才得以成长，才学会生活。"

五

前半生是历练　后半生是历史

——记香港薇凯国际医疗事业集团董事长　李　涛

　　十年磨砺，致力于中国医疗美容事业，一手创建薇凯国际医疗集团，率先提出"全球预约、高级定制"的经营理念，构架达·芬奇美学设计体系，并创立德尔美客医疗美容连锁品牌、辉姑娘全球衣橱共享文化公司、上海王瑜兰国际贸易，全面打造全球最大的互联网医美航母和一条龙服务体系，掀起中国医美商界波澜，得到了新东方总裁俞敏洪等的充分肯定及洪泰基金的投资，一跃成为医美界的新锐领袖！

不凡之路，早已注定

孟子曰："天将降大任于斯人也，必先苦其心志。"对于李涛来说，更是深有体会。

1984 年，李涛出生在安徽省金寨县桃岭乡一个普通的农民家庭，在他的记忆中，小时从未穿过新衣，上学也从来没及时交过学费，可即便童年清苦，但在妈妈的呵护下无忧无虑的成长，也倍感幸福温暖。

命运的转机发生在他 19 岁那年。当时的李涛应聘到南京的一家美容产品公司，成为一名推销员，从而第一次接触到了美容行业。他非常珍惜这个机会，不怕吃苦，虚心好学，很快赢得顾客的好评和领导的信赖。

从业中碰壁在所难免，可他始终坚定"只要不放弃，就会有希望，甚至有奇迹"的信念。半年后，他个人的业绩在公司里排名第一。第二年，公司的业绩有 65% 是他一人创造的。通过一步步的努力有了不错的收入，生活的天空透出了曙光。2007 年，就在他准备要实现更多美好愿望时，妈妈却因病离世，这一打击让他跌入深渊，甚至让他一度失去了生活的勇气。可他告诉自己，有所为、有所成，才是告慰母亲的最好方式。

薇凯国际，应时而起

　　上帝对你关上了一道门，就会为你打开一扇窗。李涛南下来到广州，在一家抗衰老产品销售公司担任销售总监，虽然之前有了几年销售美容产品的经历，但到这时才真正接触医疗美容。2008年5月，是他终生难忘的日子，在那年的广博会上，他发现了整形美容行业的巨大潜力和广阔前景，一股创业动力在心中激荡。同年9月，李涛在香港和上海分别登记注册了薇凯国际医疗事业集团公司、上海薇凯投资管理有限公司，从此踏上了创业历程！

　　心有多大，世界就有多大。之前的积累和沉淀让李涛胸有成竹，只待厚积薄发。通过考察，他对中国医疗美容市场进行深入研究和缜密分析，寻找这一行业的突破点，决定将世界上先进的技术引入中国，并根据自己特点优势进行高端定制。先瞄准中小城市大客户，以单点发力，以小博大的攻略，避免与其他走大都市路线的业内大公司竞争。同时，加大宣传力度，打造顶级服务，整合资源，建立客户网络体系。通过发展壮大，创立全球权威医疗美容技术专家联合会模式，利用他们的综合技术为客户进行高端定制与顶级服务。这样，很快抓准了高端客户群体，最终在中国医疗美容市场豪夺一角。

专注，对得起岁月；坚持，不辜负过往。实践证明了他的成功战略，通过几年的努力，薇凯国际医疗集团拥有全球顶尖医疗美容资源、致力于将私享奢华定制塑美理念融入女性生活的高端医疗美容企业。同时将奢华具象与愉悦体验完美融合，高度关注女性生命品质，成为行业内深远影响的领军医美品牌。薇凯国际拥有了来自全球四大洲，涵盖美丽、形体与健康三大领域的500多名权威专家团队、海外奢华疗养医院、高级定制抗衰老殿堂、全球特供海外体检以及涉及珠宝、礼服、奢侈品等私属定制服务。他率先在业内首创"全球预约，高级定制"的核心理念以及建立薇凯全球"高级美丽定制、形体高级定制、健康高级定制"的三大高级定制平台，促使了更多高端人士愈加关注美丽与健康。通过高端医疗与时尚艺术双重血统，实现"奢于外，悦于心"的美丽蜕变，成就中国高端女性品质优雅人生，构建全球私人医疗定制平台。因此，李涛一跃成为中国医疗美容业标杆式人物，奠定了中国医美事业发展中新的里程碑。

定格美丽，独享尊容，让女人之花永远绽放！薇凯成就了很多女性对美的极致追求愿望，然而就在大家对"最美整形专家"热议还未退去的时候，当中国整形美容真正迎来春天的时候，李涛已经将目光放的更远。2010 年 8 月，随着上海薇凯医疗美容机构的落成，更标志着薇凯来自中国，服务于中国。医院位于上海地标性地段淮海中路，坐落在欧式园林中的豪华别墅群，内设国际最高标准的仪器设备，汇集众多来自国际领域的美容权威专家们为客户提供领先于国际水准的医疗美容及健康服务。在这里，薇凯为国内外中高端客户量身定制个性化的抗衰老疗程及面部年轻化治疗方案，达到标本兼治，机体内在年轻与外表年轻的完美结合，深受商界、演艺界等的青睐与好评。其业务涵盖了医疗美容、抗衰老产品研发、投资、教育、进口设备及产品代理等多个领域，目前公司共有国内外知名医学专家近千人，内部员工2000多人。

事业风光，更增报答之心。为了告慰妈妈，李涛在25岁丰茂之年筹备婚事，期间又遇"父亲车祸"、"客户退单"、"公司高层被挖"、"业务几乎瘫软"等种种困境，但女友毅然选择与他登记结婚，这让铁血男儿更多了一分前进的动力。他仔细寻找原因，通过几个月一系列补救措施，以执着和诚信赢回了所有客户，公司很快恢复了正常。风波过后，他意识到团队凝聚力的重要性，于是他倾力打造薇凯团队，以"狼文化"模式为指导思想，培养具有"真诚、团结、创新、高效、感恩"特点的薇凯团队精神，倡导以"仁、义、礼、智、信"的理念，崇尚快乐工作，幸福工作，吸引了一大批青年精英加入团队，这样团队力量无限放大，成为业内精锐的团队。2013年，李涛应邀参加第六十一届圣迪斯哥美容大会，并在会上讲授《全球抗衰老流行趋势——高科技时代的健康管理》课程，面对几十个国家和地区不同肤色的代表，李涛神情激昂，妙语连珠，精彩的演讲赢得台下长时间的鼓掌。这时的他满含热泪，深感做一个中国人的骄傲和自豪，因为通过这次会议，让世界了解中国的医疗美容事业的高速发展。2014 年，应邀参加亚洲健康联盟大会，在会上讲授《中小型医美在新形势下如何转型》课程并荣获"最具权威医疗整形机构大奖"和"卓越领航美容整形医疗机构权威大奖"；2014 年年底，被授予由韩国国际人类美容健康奥林匹克组织委员会和韩国国际美容健康总联合会颁发的"韩国国际美容健康总联合会会长"证书；现同时担任亚洲健康联盟名誉主席、中国 SPA 协会名誉会长等职务；先后又荣获"亚洲杰出青年企业家大奖"、2014 年度"中国健康美容品牌年度人物奖"及"中国健康美容二十大影响力品牌"，接受环球时报、凤凰卫视、搜狐、上海电视台等各大媒体专访。

　　2014 年是李涛的薇凯国际集团迅速发展壮大的一年，他大胆参股韩国 60 多家美容企业股权，使薇凯资源更加巩固，可以代表行业发声，进行全球行业战略合作。此外，为了更好更便捷地服务于高端客户，薇凯先后在国内外成立了八家专业性极强的医疗机构和实验室，使薇凯消费者真正实现全球一体化。成立了包括化妆品、工艺礼品、珠宝饰品、健身器材、一类医疗器械的批发销售，从事货物及技术进出口业务为主的上海王瑜兰国际贸易有限公司，解决了薇凯集团产品材料垂直供给，不断降低了导入成本，保证了质量，还实现了把全球最权威、最先进的医疗器械平价提供给薇凯的客户。

德尔美客，生来创造

2015 年，是薇凯国际医疗集团划时代的一年。随着世界科技的高速发展，互联网已经渗透到各个领域、各个行业，李涛认为，可以通过互联网打通渠道、打通市场，聚集受众群体和客户群体，谋求更大的发展。经充分酝酿和准备，重磅成立了薇凯德尔美客互联网医疗美容公司，推出德尔美客轻医美连锁品牌。向世人展示了一个全新的美业模式，明确了美业前行之路上什么才是正确的方向。德尔美客结合了生活美容与医学美容，以互联网＋解决传统美业客流荒，以金质品牌与运营团队形成无可比拟的品牌效应，以强大资源整合能力触碰成本地平线，方方面面，可谓惊艳。这是一次让人耳目一新的美业模式变革，属于德尔美客的"D 模式"再掀狂潮。

德尔美客的出现是对美业的一次全新解读，包括运营难题、成本困扰、客源恐慌，都得到最优的答案。德尔美客是李涛先生的第二次创业，因为集结了最顶尖的团队、倾注了所有的心血，希望带领大家共赢，在中国美业历史上书写下浓墨彩重的一笔。同样，在最具行业影响力的杂志《奢侈美容》的论坛上，李涛表示："现在的医美行业，过度的营销与培训已经被时代淘汰，而当下企业最应注重的是消费者的用户感受，是以 80、90 后为美业消费主流，德尔美客所提供的用户体验，也将让他们耳目一新，这也正是当下所应抓住的机遇所在，以顾客反馈为依据，将中国的医美推向世界。"目前，已成功牵手永利宝资本，预示着德尔美客在轻美连锁品牌道路上将极速前进。

华服共享，全面升级

每一个女人都觉得衣柜里永远缺少一件最喜欢的衣服。尤其是娱乐明星们参加每一场代言或者晚会，穿着服饰总是让他们焦头烂额。根据市场调查，为满足这些高端群体需求，李涛倾力打造"辉姑娘 YouRunway"——全球衣橱共享平台，带给中国女性更完美、更精致、更优雅的穿衣体验。品牌诞生也为时尚爱美女性提供一个充斥华服美衫并且无限大的魔法衣橱。作为衣橱共享平台，涵盖女性日常社交的多种场景，不论是晚宴、年会、派对、酒会、约会、度假、职场，都可以在这里挑选到适合的款式，并且只需花不到原价十分之一的价格就能得到美衣的使用权。一年内辉姑娘建立了 3000 平方米衣物保养中心，并自建了一支优秀的衣物保养修护团队。通过半年的试运营，经营情况非常可观，目标是提高中国人的穿着文化，计划同步打造出国内顶级的物流公司和洗衣服务公司。

公益路上，没有止步

上善若水，厚德载物。大山的成长记忆，家乡淳朴的民风、如画的山川让李涛有着深厚的情感和浓浓的眷念。金寨作为红军的故乡，将军的摇篮，更令他深感荣耀和自豪。作为一个金寨走出来的年轻创业者，今天的成功来之不易，来自各方的帮助，时刻不忘感恩家乡的养育，回报儿时老师的教诲。

在薇凯集团的发展历程中，企业始终专注于慈善公益、健康事业、社会责任的担当与发展，最大限度地实现薇凯的社会价值。2011 年 3 月 5 日，在上海举办薇凯医疗救助专项慈善基金落成仪式上，李涛捐献出 50 万元人民币，用于慈善公益事业，让更多先天畸形、后天性颜面缺陷的患者得到治疗，拥有更加健康纯真的笑脸和更幸福快乐的生活，此举也开了民营医疗企业成立慈善基金委员会的先河。

李涛说：“这些年我经常回家，总想为家乡的孩子们做点事，一直找不到头绪。有一件事对我触动很大：我曾经在老家的路上问了十个小学生‘奥巴马是谁’，居然有七八个孩子说不知道。我当时很震惊，其实我们山里的孩子智商一点也不比城里的孩子低，主要是山里信息闭塞，孩子们的见识不多、价值观念不强。

我认为应该在精神层面上帮助孩子的成长，但是孩子的成长大多源于老师的言传身教，首先让老师先走出大山，接受新鲜事物，让他们视野开阔、思想开明，这样才能帮助到孩子。不同的起点决定不同的人生，不能让山里的孩子输在起跑线上。"

　　2011年11月，薇凯集团为家乡的一所山区小学捐助了电脑、书籍及语音教学设备，建造了一所电教室和阅览室，让山区的孩子也能通过电脑、阅读了解世界、开阔视野、增长知识、放飞理想。2012年12月，成立了"薇凯小黑板慈善教育基金"，以扶助贫困山区儿童，改善贫困山区教育条件和教师待遇，帮助更多贫困家庭通过知识改变命运。2015年由薇凯国际集团每年出资50万元，依托中国青少年发展基金会实施"薇凯希望工程项目"，该项目旨在对家乡金寨小学教师进行培训，以促进金寨全县中心小学、村小校长、教导主任及教师更新观念，提高教学理论和教学管理水平。自2015年4月，举办第354期希望工程全国教师培训班，从家乡金寨选派51名小学校长到上海，以交通大学为基地，聘请国内著名的教育专家授课，进行为期10天的专业化、封闭式培训。紧接着邀请了上海30多名教育专家、特级教师到金寨开展送教活动，协助金寨教师全员培训达1000多人次；2016年5月29日至6月3日，又圆满完成第398期希望工程全国教师培训班暨第三期薇凯班的培训工作，又一批来自金寨各小学教导主任在上海教育国际交流中心接受7天的专业培训。如今薇凯也已连续举办多次儿童夏令营来帮助山区孩子开阔视野、了解世界，并感受到大家关爱。

多年来，他和爱人在青海捐助 100 多名贫困学生，直到大学毕业。2015 年荣获中国青少年发展基金会颁发的"希望工程特殊奉献奖"。2016 年春节期间，李涛发现村里公路没有路灯，想到一些留守儿童和老人晚上走路不便，容易摔跤。于是他向所在村捐款 20 万元，安装了太阳能路灯等配套设施，用爱心"点亮"了家乡路。同时，他还多次组织金寨在沪团员青年开展活动、召开座谈会，交流分享创业经验，帮助寻找创业项目。

李涛说："一个人的价值体现不在于获得多少财富，在于能否得到更多人的认可。一个企业集团的影响力，除了良好的经营业绩和先进的文化理念，一举一动都应该力求对社会带来积极的、正能量的辐射效应。人这一辈子，总还是需要让善念和执念推着前行，这些年我从未算过捐过多少款，帮过多少人，做慈善是由衷地对社会承担的责任，绝不可沽名钓誉，重要的是能唤醒更多身边的人对慈善事业的关注，用心凝聚社会爱的温暖，帮助需要帮助的人。"

以梦为马，前方大道

多种商业运营模式的成功，源于李涛从未间断对知识的渴求与学习。创业路上历尽坎坷，他清楚地认为，知识改变命运，知识成就事业。努力提高自身修养，力争成为儒商。自打工开始，他就一直不断地为自己充电，边工作边读书，先后获得上海交通大学 EMB、清华大学 MBA 硕士学位，并先后荣获这两所名校颁发的"中国健康美容行业贡献功勋人物奖"。为了丰富金融知识与专业技能，李涛近年还与知名影星以及各领域商业巨子一同加入长江商学院 28 期 3 班进行 EMBA 的系统修习。学习过程中，他对创业者的身份有了更深刻理性的认知，同时对企业创新的领悟和趋势也把握得更加精准，让薇凯的发展正式进入轨道。

李涛说："我并不认为我很成功，我一直还在创业的路上，生命不息，创造不止。个人的成长离不开学习，而企业的成功却需要创新，好企业是创造出来的而不是复制别人的。实际上我从来没有把薇凯当作一个医疗美容机构，而是让他成为全球高端医美第一平台运营商，在平台上对接全球高端医疗资源来满足目标客户群体的需求。所以，这样的战略定位是建立在市场及客户需求的基础上完成的，也就有了它生存的价值。未来的薇凯，将是一家立足于美丽与健康事业的多级层平衡发展、各领域相互衔接、线上线下一体化运营的综合性高端医疗集团公司，全力打造和优化定制平台，通过互联网平台运营思维，加强医美市场渠道建设，为中国美业的发展继续贡献力量，帮助提升中国美业的世界地位。"

回首自己创业历程，他深有感触，"创业者首先要坚持，创业是一条不归路，创业不仅仅是为了满足自己的物欲需求。没有失败的准备，没有吃苦的准备，没有牺牲和为行业贡献的精神，不建议创业。创业者应从目标市场及客户需求出发，来制定自身的盈利模式。不要盲目复制他人，而要善于发现市场空白，并去填补它"。

一路走来，他感谢时代、家乡、亲人、朋友，更感谢自己。对自己未来的愿景：孝顺对父，宽容于友，和爱人相濡以沫，白首偕老；终身将精力投入中国医疗美容事业，做一个终身慈善义工，推动慈善事业发展。他认为社会是由无数小家组成的，小家好了，大家才好。

他虽在事业上引领时尚，理念前卫，但仍然保持传统的家庭观念，在繁忙的工作中挤出时间在家陪着家人，逢年过节也总是在家里自己做菜做饭，其乐融融。希望两个可爱的儿子快乐、健康成长，具有坚强、勤奋、善良、乐观、向上的品质，有所为，有所不为，愿与儿子做一辈子朋友。

李涛说："人无法选择出生，但可以选择未来，要有一颗坚定的心，任何的贫穷都是老天赐予的最好的财富，它会让我们有更大的上升和拼搏的空间。'奢于外，悦于心'，这个奢并不是我们通常意义上理解的奢侈，它实际上是放下，舍得，让自己内心无惑、无忧、无惧，充满喜悦之心。医学美容也是如此，它实际上是一个艺术家的匠心的体现，我们希望最终呈现的，是一个作品，而不是一件商品。"

一个人，前半生如果充满历练，那他的后半生就注定用来创造历史，用来形容李涛最适合不过。

六

因为父亲的一句话　他从此爱上了养老事业

——记世沣国际集团有限公司董事长　郑　霄

　　一句话可以俘获人心，一句话可以引领团队，一句话甚至可以改变人生。这就是语言的力量。

　　对郑霄而言，正是父亲一句不经意的话，改变了他的人生，让那年年仅 30 岁的他走进了养老领域，并且从此一发不可收拾，爱上了这个自己从前想都没有想过的养老事业。短短 7 年，世沣国际集团已经拥有 7 家养老院、护理院和医院，正在成为上海养老领域一股崛起的新力量。

　　当蝉蛹蜕变成蝴蝶的那一瞬间，更多的人看到的是成功和辉煌，却难以体会背后的痛苦、隐忍和牺牲。21 年的奋斗，从 17 岁身无分文、只身由安徽农村来到上海，到如今拥有一家总资产上亿元，集养老、金融、文化、食品及贸易于一体的现代化企业集团，历经磨练，郑霄从物质到精神，实现了自己的人生蜕变。

早年坎坷路

在中华文明五千年的长河中，阜阳绝对是一个不容忽视的历史名地。这里是春秋时期"华夏第一相"管仲的故里、诗人嵇康的桑梓。中国文学史上著名的"唐宋八大家"中欧阳修、曾巩、苏轼也曾在此为官多年，堪称历史悠久、文化深厚、民风淳朴。

然而，农耕经济的先天不足已经严重阻碍了阜阳在现代社会中的发展。今天的阜阳，外出务工人员数量众多。郑霄兄弟姐妹共有5人，他排行老五。姐姐哥哥早已外出打工。熬到了15岁那年，才读了一年初中的郑霄对外面的世界也有了蠢蠢欲动的向往。

郑霄家里世代务农。父亲郑坤论是个能干人，用庄稼人的话来说绝对是个"全把式"，不但田里场上的活儿样样精通，还会罾鱼、洗磨、凿砻、修水车、修船、砌墙、烧砖、箍桶、劈篾、绞麻绳……对于郑坤论这样一生勤于稼穑的人来说，土地就是他们的生命，而劳动无形中成为他们内在的情感寄托。男耕女织，丰衣足食，则是他们内心所向往的终极生活。

穷人的孩子早当家。从小耳濡目染，郑霄跟在父母和哥哥姐姐身后早就能操作起了各种农活：耕田犁地、除草开荒、播种插秧、施肥灌溉、锄草杀虫、割谷拖草、打麦扬场、舂米磨面、砍柴伐薪……10 岁刚刚出头，小郑霄就已经熟门熟路了。

对于 20 多年前的这段时光，郑霄依然记忆犹新——每年夏天，烈日当头，小郑霄和父母要趁着天气好抢割麦子，几乎每天在天不亮的时候就下田割麦。"我们家里一共有 10 亩地，一眼望不到头，就靠父母和我 3 个人收割，那种感觉真的是让人非常绝望。每次下地时我总在想，什么时候才能割到头啊？有时候身体实在是吃不消了，想停下来歇会儿，可回头看到挥汗如雨的父母，于心不忍啊！只好咬咬牙继续干。那段时间里，每天都是从天亮干到天黑……"

最令郑霄刻骨铭心的是，每年三伏天玉米地里打农药的经历。

阜阳虽然地处淮河流域，但却在安徽省的西北部，邻接河南，严格来说已是华北平原的南端，故气候更接近北方，其夏天的主要特征是高温多雨。而三伏天的田里温度，一般至少在50℃以上。钻进密密麻麻的玉米地里，如同钻进了桑拿房。打农药一般在午后两点左右进行，因为这个时候效果最好。但午后两点，往往是太阳最毒辣的时候。"其实仅仅毒辣还算是好的，最要命的是午后正是雷阵雨的多发时间。一场雷阵雨后，太阳蒸腾着土地中的湿气水汽，酷热中又搅进了一分闷热，那是一种洗桑拿洗到人虚脱的感觉。"郑霄如此描述道。

如果说，高湿高温的气候在心理上还是能有点准备的话，那么玉米叶如刀刃般的快口却让人防不胜防，它们经常将小郑霄裸露的皮肤割出一道道血痕，而喷洒出的农药经常会回落到皮肤上，再夹杂着灰尘和汗水，蜇得人"体无完肤"。加上高温，农药的气味不易散发，小郑霄几次差点晕倒。遍体鳞伤的小郑霄晚上回到家里，浑身疼痛，难以入眠。

我们不妨脑补这样一幅画面：在一望无际的玉米地里，顶着炙烤火热的毒辣日光，拖着疲惫乏力的腿脚，汗水已经不知道将小郑霄的身体冲洗了几遍，它们越过眉毛和眼睫毛，进入眼角，带着体内的盐分，又咸又蜇。

"这样的经历在当时感觉是那么漫长，现在看来却显得那样短暂；当时体会是一种艰辛，现在回头却有一种回味。"回首往事，郑霄若有所思，"非常感谢生活给了我这些磨练，从现在来看让我更加坚强，从当时来看则让我萌发了改变现实生活的强烈欲望"。

郑坤论眼看着子女们一个个离开故土，现在竟然连最小的孩子也要远走他乡，他的心里总不是一个滋味：先不说家里农活面临的实际困难，子女们纷纷放弃学业的做法，也让郑坤论心乱如麻。他虽然没有读过多少书、却依然笃信着"读书总归是有用的"的朴素道理。

但是，面对家徒四壁、黄土朝天的生活现实，郑坤论又是显得那样的无可奈何：一方面是舍不得郑霄这个家里最小的孩子如此早出去吃苦，另一方面又拿不出过硬的理由来挽留郑霄。

1996年，少年郑霄来到了上海，和早几年来此的哥哥们一起开始了自己的打工生涯。

每天早晨4点钟起来抢摊位，晚上11点钟收摊；酷暑38℃要干，严冬零下10℃也要干；摊上经营橡皮筋、鞋垫、鞋子、短裤等小百货，运气好的时候一天可赚上百元，而当时一个在工厂上班的安徽老乡每月的工资也不过是450元……这就是郑霄在殷闸路一带的练摊日子，有泪更有收获。

"在摆摊的那些日子，有时候特别盼着下雨。因为下雨就不用出摊，可以一觉睡到天亮"，这是郑霄那时最奢侈的心愿。

当然，有苦不说，有泪不流，是深入郑霄骨髓的家教。盼着睡觉，实际上心底深处还是更盼着赚钱："不可否认，在那个时候，有苦吃真的是一种幸福啊！"

　　练摊一年多后，郑霄决定脱离哥哥们自己单干。头脑灵活的他在农贸市场租下一个小店，经营锅碗瓢盆、粮油五金等杂货。郑霄对客户服务用心，经常手提几十公斤重的煤气罐、肩扛几十公斤重的大米，爬上五六层的楼梯送到客户家里，这为他的小店赢得了良好的口碑，生意最好时一天竟有近千元收入。郑霄盼来了自己的"幸福"。

　　生意稳定后，郑霄让爱人经营小店，自己则搞运输送货。他先是买了一辆三轮车，后来改开两轮摩托车，再后来升级到了轿车。到地铁口拉客、去海鲜市场送货，哪里有生意就往哪里走。就这样，郑霄开始接触到了运输领域。

　　2003 年，国内长途运输市场火爆，一位在广州的安徽老乡在聊天时称"行情好时一天可赚几千元"。郑霄闻讯动了心思，那时经过几年的摸爬滚打，手头也已经有了几十万元的积蓄。

　　说干就干从来就是郑霄的风格。他立即花 26 万元买了一辆黄河牌后八轮土方运输车，雇了两人来到广东中山和番禺搞起了长途运输。郑霄和中间人的老乡约定，老乡接单派活，自己负责运输，双方 10 天一结账。开始几个月运转正常，盈利都在预期之中。尝到甜头的郑霄踌躇满志，决定加大投入，又添置一辆土方车，雇了 4 个驾驶员。但是老天却不帮忙。八九月份的广东是雨季，非常不适合进行长途运输。郑霄的土方车有时候不得不整星期整星期地闲着。"当时每个月算上车子的折旧，成本是6万元。"郑霄心疼地说。

屋漏偏逢连夜雨，天灾还遇人祸。老乡结账的周期慢慢地从10天变成了半个月、一个月甚至几个月。郑霄急了，一打听原来老乡已身陷赌博泥潭，不能自拔，到最后人也不知去向。

用"人要倒霉时喝凉水也会塞牙"这句话来形容当时郑霄的处境也许再恰当不过了。有一次土方车遭遇车祸，一查保险恰巧前一天到期，最后郑霄不得不赔偿5万多元。

此时，两辆土方车在手的郑霄就像是持有着被套牢的股票，止损割肉既不甘心又舍不得，欲罢不能之下他决定另谋生路。

乘兴而去，败兴而归。2004年年底，郑霄在外闯荡了一年多后，从带着近50多万元本钱的梦想出发，到最后不得不接受赔本近百万的噩梦回来。

"原来生活就是这个样子，你的梦想归梦想，现实的冷酷归冷酷。但你终究是生活在现实世界中。"郑霄如此咀嚼着生活给自己带来的启迪。

人可以被毁灭，但不能被打败

在仅有初中文化程度的郑霄身上，如果一定要寻找一些文化元素的话，海明威的《老人与海》恐怕是为数不多的标签。这几乎是郑霄读过的唯一一部外国小说，当然也是一部足以影响郑霄人生的小说。

郑霄格外推崇《老人与海》中的这样一句话："一个人可以被毁灭，但不能被打败。"回顾郑霄的人生经历，此话最贴切不过。当然这仅是郑霄人生上半场的标注。而记录郑霄下半场人生的也是同样出自此书的另一句话："现在不是去想缺少什么的时候，该想一想凭现有的东西你能做什么？"对于这句话，郑霄也是烂熟于胸。

2004 年年底折戟长途运输市场后，郑霄一夜回到 8 年前。好在上海农贸市场的小店还在，这里还有疗伤的温暖小屋。

一无所有。郑霄几乎是再一次从原点重新出发。兜兜转转中，2008 年，29 岁的郑霄迎来了他人生中的一个重大机遇。

坦率地说，在最初的时候，郑霄并没有意识到这是一个机遇，一个足以改变自己人生的机遇。

当时的郑霄开始涉足房产中介，他与友人共同租赁了一块土地的商业经营权。那是一片位于民星路450号的商业地产。建筑面积有一万多平方米。

按照郑霄的计划，沿马路的一楼门面房出租经营饭店，剩下的大片面积用来做菜市场。在前者顺利进行后，后者遭到了周围居民的强烈反对，只能搁浅。郑霄对此一筹莫展。

"用一筹莫展来形容当时的状况还算是客气的。事实上，简直就已经是走投无路或者束手就擒了。你想，房屋每闲置一天就是一万多元呐！"说起这段往事，郑霄至今心有余悸。

迷茫时刻，父亲郑坤论的一句话启发了郑霄思路——"上海老人那么多，你为什么不开个养老院试试呢？"

正是父亲这句不经意的话，开启了郑霄的新人生。当然，这是后话。

"说实话，开始我对父亲的提议是抵触的。第一，养老院的经营模式我一点都不了解，连门在哪里都摸不着，可谓隔行如隔山；第二，我那时候才29岁，让我一个年纪轻轻的小伙子去做养老院，整天和白发人打交道，不仅心里一百个不愿意，就是想想也不愿意。"

就这样，又度日如年地过了一周，郑霄实在是找不到新的方向了，"那就开养老院吧"。在犹豫、彷徨和无奈之下，施工队入驻装修。

如果把郑霄和养老事业的结缘比作婚姻的话，那就是典型的先结婚后恋爱。

在施工队隆隆装修声响的同时，郑霄开始了马不停蹄地参观、学习、考察和操作，从护理专业团队的寻找到行政管理模式的建立，从后勤保障的配备到医疗人员的配套，甚至细化到每天的菜单、床的高低位置……事无巨细，都需要周密设计，都需要和养老院开张无缝对接，并且只能成功不能失败。如此现学现用现做现卖，恐怕在商界也是罕事。

在施工装修和学习考察的同时，第三件事也在紧锣密鼓地展开，这就是养老院招收入住老人。出乎所有人意料的是，在不到一个月的时间里，已经有近百位老人报名，性急的还拿着现金前来付费。

郑霄大跌眼镜之余又欣喜若狂。如果说一个月前父亲的一句话只不过是让他若有所思的话，那么一个月后已经是豁然开朗了。

生活就是这样，不经意的偶然失误可能导致一个人毁灭，不期而遇的机会却往往使人绝处逢生。

郑霄的人生从此翻开新的一页。

来自中国社科院的《城市蓝皮书》预测，2010 年至 2030 年是实体创业做养老的黄金 20 年。从这个角度讲，郑霄身逢其时，赶上了养老行业的黄金期。

黄金期，并不意味着遍地黄金。事实上，投身养老行业极度耗费精力，并且对资源要求颇高。

都说一方水土养一方人，此言不虚。阜阳邻近河南，这里的人兼具北方人爽朗与南方人内秀的气质，有一种刚柔相济的内敛气质。有人曾这样描述阜阳人：在他们恬淡、质朴的外表下，暗藏着一股耿直劲儿，而这股劲儿爆发出来的能量，将令人叹为观止。

在进入养老行业这个节点上，郑霄恰到好处地"爆发了这股劲儿"。

郑霄对养老行业有着自己最朴素的理解，"市场、资金、人脉等等都很重要，但最重要的是投资人的爱心和责任，它们的占比必须要远高于其他行业，否则就容易剑走偏锋"。

郑霄身体力行。杨浦区居民刘阿婆，独身一人年逾八旬，患有多种疾病，生活贫困且不能自理，平日里靠社区和志愿者上门送饭和照顾。一位志愿者从报纸上看到郑霄的报道后，抱着试试看的心态给他打了个求援电话。得知情况后，郑霄立即前往刘阿婆家看望，并当即表示让阿婆住进其养老院，费用由他个人承担。次日，郑霄亲自将刘阿婆接到养老院。当刘阿婆看到全院老人在门口鼓掌迎接时，紧紧拉着郑霄的手，老泪纵横。郑霄对老人说："奶奶，以后这里就是您的家了，我就是您的亲人。"

金杯银杯不如老人的口碑。良好的口碑让郑霄在养老行业赢得美誉。2009 年，郑霄投资的第一家养老院——红星养老院开张后，好评纷至沓来，500 多张床位一床难求。这给了郑霄莫大的信心。郑霄再接再厉，很快，第二家世纪养老院和第三家新世纪养老院又相继问世。

爱心和责任

董琴芳是世沣集团旗下的世纪养老院院长，在养老院院长的岗位上已经有 16 个年头了，民营的、国有的都干过，在上海滩的养老领域也算是颇具知名度。"从来没有看到过一个老板这么有爱心，这么豪爽，这么细心"，说起郑霄，董琴芳如此感慨。

员工们始终记得郑霄曾经叮嘱他们的这样一句话——"如果在某件事上，老人和养老院之间有对错之分的话，我们永远要把对的让给老人，把错的留给自己。"郑霄进一步解释道，老人进我们的养老院，就是对我们的最大信任。我们所能做的只有一件事，就是为他们服务好，让他们满意，让他们长寿。如果因为一些生活琐事闹得不开心，对双方来说都不值得。为此，郑霄特别设立了员工委屈奖，专门奖励那些有可能是被老人错怪冤枉的员工。

"老人的满意度和员工的积极性都需要特别呵护，那我就只能自己多付出一些了。钱的奖励是重要的一方面，用心是更加重要的一方面。"说起这番话，郑霄面带微笑。在别人看来颇受委屈的事情，在他眼里仿佛是这样的天经地义。

养老院每两年调价一次，一般来说接近 10%。普通人家一般都能承受，但对于那些经济拮据的家庭来说，还是有点入不敷出。郑霄了解了这些情况后，总是大笔一挥："免单！"在这些调价免单的名单里，有的老人没有工作，没有医保和养老金；有的老人子女或失业或重病，本身生活也是自顾不暇；甚至还有一位非经济原因的老人，其子女有矛盾，国内的儿子和国外的女儿互相推诿，让老人不得不处于尴尬境地。在得知自己的调价费用被免单后，这位老人十分感动。

一个豪爽的郑霄，董琴芳院长对此体会最深。

随着近年来国家对养老事业越来越重视，养老院的建设也日趋标准化，大到建筑密度、容积率、室外活动空间、消防喷淋，小到老人活动室、楼层服务台、安全围栏的高度，要求一年比一年规范，标准一年比一年详细。董琴芳坦言："每次政府相关部门来检查，我们都有些诚惶诚恐，生怕有什么地方不达标，有什么地方有新的整改要求。因为说实话，很多事情都关系到投入啊。特别是国家颁布了115条相关标准，要求就更细了。"

董琴芳的顾虑并非空穴来风。曾在民营养老院干过八年的她深知投资人的不易。在那八年的经历中，董琴芳经常对外要面临民政部门的规范化检查整改，对内要承受企业的成本控制和利润考核，"民营养老院的院长不好当啊"，董琴芳回首往事，不无感慨。

"遇到郑霄是我的幸运"，董琴芳来到世纪养老院后，就有了一种全新的体验：他很好说话，性格豪爽，心地善良，出手大方。

出手大方的前提是用人不疑，"专业的事就要让专业的人来干，我只负责把握方向，抓好管理"，这是郑霄的经营理念。2016 年，仅世纪养老院就投入改造资金 300 万元；2017 年，再次投入 80 万元。在这些资金的用途上，有的项目是按照政府标准整改的，比如安全围栏的高度从 1.1 米提高到 1.2 米；有的项目是设施陈旧自行改造的，比如欧式乡村风格的室外小花园；还有的项目是养老院的个性化添置。

"我现在可以把所有的精力都用在服务老人身上，那种'夹板式'的感觉再也没有了。"有了这份理解和豪爽，董琴芳仿佛有了一种"士为知己者死"的感觉。

一个细心的郑霄，世纪养老院里的老人们应该更有发言权。

有人说，成功的人并非因为有什么特别的天赋，他们只是比普通人多了一份细心，关注到了别人容易忽略的细节问题。对于这一点，至少养老院里的那些老人们是非常认同的。因为郑霄的一个细节足以让他们动容，那就是每年过年郑霄陪他们吃年夜饭或大年初一拜年时，那些家庭困难的老人总会收到他的红包。有的老人收到红包后，整天都把它藏在枕头底下，睡觉才觉得安稳；有的老人则老泪纵横，不能自已。

董琴芳则一直感慨于郑霄的另一些细节：每次台风、暴雨预警，郑霄都会亲自打来电话关照；有时深夜 12 点钟，郑霄会自己开车前来查岗；2017 年的上海，遭遇有史以来最高温的酷暑，郑霄几次叮嘱养老院里的空调一定不能罢工，每天绿豆汤、西瓜、盐汽水不能断供……

"良心好"，或许是老人们对最郑霄最朴素最直白的评价。元旦、春节、端午、国庆、重阳，甚至圣诞节，郑霄都会来看望他心里挂念的这些老宝贝。谁胖了，谁瘦了，谁今年将要过整数大生日了，谁明年将要金婚了……诸如此类，婆婆妈妈，郑霄都会事先做好功课。这些事情虽然看似细枝末节，却让老人们异常感动，以至于有时候在老人的房间里坐了半个小时，郑霄还不想走。有位老人说，这个董事长，就像我的孙子。

郑霄很享受这样的"孙子待遇"。

所有的秘笈只源于每一个人最初的内心世界

在世沣集团的总部，进门迎面映入眼帘的是一块硕大的灵璧石，吸人眼球。鲜为人知的是，在这块气韵苍古的灵璧石背后，记录着郑霄一段独特的心路历程。

NBA 有一个特有名词，叫新秀墙。大致是指每年赛季开始后，兴奋异常的新秀们到了圣诞节前后，都会被背靠背比赛和无尽的客场飞行所折磨。最终，当体力和精神都开始有点小崩溃时——邪恶的新秀墙来了：状态全无，眼前就像有一堵看不见的墙挡住了前进的道路。球星迈克·毕比是这样描述新秀墙的："我想我已经走入泥淖中了。"

在进入养老行业一两年时间后，轰轰烈烈风风火火之后，郑霄一度陷入迷茫：三个养老院相继挂牌，接下来的路该往哪里走？是继续扩张还是修炼内功？扩张的方向在哪里？修炼的目标又在何方？合作的投资人各执一词，最后的决策到了郑霄这里。然而身为掌门人的他一时间也举棋不定，由此陷入烦躁和焦虑。

显然，郑霄在养老事业途中也撞上了无形的"新秀墙"。

正在此时，一个安徽老乡给郑霄送来了这块灵璧石。

有些东西你知道看了会后悔，因为看了你就无法遗忘。对郑霄而言，这块灵璧石就是看了就无法遗忘的东西：肌肤巉岩嶙峋、沟壑交错；纹理丰富，韵味十足；色泽以黑、褐黄、灰为主，间有白色、暗红、五彩、黑质白章……他一见倾心。

数周后，在静静地享受着那份石头的妙境与味道中，他的心已被完全俘获。

在心与石头的悄悄融会中，他从灵璧石的宁静坚实、沉静淡泊中获得灵感：先练内功，和灵璧石一样，形成自身独特的魅力和风格。"有人说，养石其实是在养心。我特别认同这句话。灵璧石具有独特的魅力，它让我静心、理性和从容，有助于我找到头绪，理清思路。"如今的他对这块灵璧石已视如莫逆。

他由此确立了世沣的企业文化，那就是领先一步的理念，其核心就是创新，是与众不同的差异化竞争。

事实上，世沣在养老行业已经做过的很多事情，早就充分体现了这一理念，只不过那时郑霄尚未感悟到这就是自己未来企业文化的价值所在，这和郑霄在一开始进入养老行业时的"先结婚后恋爱"状况几乎如出一辙。

世沣的养老院选址，首先体现了与众不同的差异化竞争。在上海，世沣旗下的养老院多处交通便利的成熟居民区附近。这样做的最大好处就是让老人能够依然身处自己熟悉的社区，身处熟悉的邻里，同时也便于家人的探望照料。用郑霄的话来说，这叫"一碗汤的距离"，即养老院和老人原来家的居住距离不远不近，煲好一碗汤送过去刚好。

"这是日本学者在 20 世纪 70 年代提出的家庭亲和理论，我们现在把它移用到养老院选址的概念上。其实这一碗汤的距离，不仅仅用来形容物理距离，也是心理上亲密距离的比喻。两颗心灵之间的最舒适温度是 28—32℃，也正是刚刚好的温暖温度。"显然，他对这一理念有着自己独特的理解。

选址是差异化的，养老院的服务也是同样如此。世沣旗下有两家特别的机构，分别是上海胡老头食品有限公司及笑口常开为老服务中心。

曾有人好奇地问他，怎么会想到办这样两家似乎和主营业务不太相关的机构？他的回答是："老人需要物质上的食粮，更需要精神上的食粮。双管齐下，身心才能愉悦。"

以生产"胡老头鱼丸"闻名遐迩的上海胡老头食品有限公司，曾多次登陆上海新闻、星尚美食等频道，被评为"极佳美食推荐"，在市场上供不应求。他以公司为依托，根据老人的口味、喜好、病症等特点，分别制作多样化食谱，生产出"胡老头鱼丸"等一系列差异化老人食品。

名声在外的上海笑口常开为老服务中心艺术团已经创办了十年，是由上海市慈善基金会、上海市建国社会公益基金会和世沣集团以项目资助形式，开展公益演出搭建的慈善爱心平台，主要为老人送去精神食粮，十年来共演出 1000 多场，观看演出的老人数达 26 万多人次，走遍了上海市 700 多家养老机构、干休所及社区。2013 年，艺术团荣获国家民政部授予的"全国暖心工程先进单位"荣誉；2014 年，他带领艺术团登上了人民大会堂的舞台。

栽下梧桐树，自有凤凰来。随着世沣在上海养老领域的声誉渐起，有人开始关注这位名不见经传的后起之秀，有人开始感慨他的目光独具和精明能干。

在繁华表象的背后，每个人都是孤独者。对他而言，他忠实于自己的内心，在自己的内心世界孤独前行。他相信自己的最初判断——这个行业的爱心和责任占比要远高于其他行业。所以关注也好，感慨也罢，乃至于后来的刮目相看，所有的秘笈只源于每一个人最初的内心世界。

如果说与众不同的差异化竞争是战术上的谋略，那么领先一步则是战略上的布局。

从 2009 年起陆续开业的上海世纪养老院、上海瑞通护理院、上海康源养老院，以及位于上海松江、顾村和辽阳路上的三家养老院，当业内都以为他会重兵囤积上海时，世沣集团旗下的世沣养老产业管理有限公司已经兵分数路，同时落子河南、安徽、江苏和山东等地。其中，郑州世沣尊长园、信阳友谊医院和信阳友谊养老中心，已经率先走上了我国民政事业"十三五"规划中的医养结合型养老机构之路。

2016 年，世沣国际集团被中国品牌管理科学院及 7 家国内知名媒体单位联合授予"第十二届中国最具社会责任感企业"。同时，郑霄个人荣获"时代楷模第十二届中国最具爱心十大杰出企业家"称号。

莎士比亚有句名言："忠诚的爱情充溢在我的心里，我无法估计自己享有的财富。"

斯言甚善，在一个充满爱心和责任的养老领域投资人心里，你确实无法估量他享有的财富。也许，这就是所谓的心有多大，舞台就有多大吧！

养老是一个综合体系和复杂工程，需求多样化、投入多样化、要素多样化，需要政府、社会、家庭的共同努力。"老有所养"是党的十九大传递出亲民而又温暖的声音，为"美丽中国"勾勒出幸福蓝图。可以预见的是，在习近平新时代中国特色社会主义思想的引领下，老有所养、老有所依、老有所乐、老有所安的美好生活将会让老年人更有获得感、幸福感和安全感。

对此，他信心满满。

七

从导师到伙伴的创业人生

——记上海比雷福实业有限公司总经理、上海英弘教育培训股份有限公司董事长 史一松

　　相对于中国改革开放 40 年波澜壮阔的历史，史一松的故事无疑是茫茫恒河中的一粒尘埃，而相对于人类煌煌数千年的文明历史，中国改革开放的故事，依然是一个毫不起眼的瞬间……但是，历史正是由无数尘埃和瞬间串联起来的一根光线，它才那么丰富多彩、跌宕起伏、风起云涌、荡气回肠。

　　史一松出身草根，他在命运面前，从不退缩，积极打拼，演绎了一个又一个传奇的创业故事，书写了从平庸到成功，从失败到崛起的精彩人生。

　　史一松的成功可以复制。因为那是中国改革开放的时代背景下，千千万万创业者的一个缩影，也是中国传统"诚信"文化反馈给史一松的最大回报。

1994 年，一台空调开启的财富人生

　　2017 年 8 月，史一松把自己一套价值 1000 多万元的住宅抛售，连同自己银行卡上的一些存款，一共 1980 万元，一起打给了中航工业集团国际租赁有限公司。至此，他从 2013 年起欠下的近亿元债务彻底还清。第二天中午，史一松接待一个初交的朋友，兴奋之余，他主动打开手机，请朋友看还款记录。这对于一向谨言慎行的史一松来说，绝对是个例外。4 年多时间，史一松从事业的巅峰变成"亿元负翁"，再到东山再起，此刻的心情，用杜甫的诗句来形容，实在有"白日放歌须纵酒，青春作伴好还乡"的大喜。从大喜到大悲，有时候只有一步之遥。但迈出这一步，对许多人来说，需要一生的时间。对于史一松来说，还有一个好消息是，创办两年之久的上海英弘教育培训有限公司，即将在创业板上市。在帮助这些年轻人创业成长的同时，史一松也一步步走出人生低谷，重铸辉煌。

　　2014 年，史一松作为一个有创业成就的企业家，他被上海市人力资源和社会保障局聘请为大学生创业导师。在上海，像史一松这样的创业导师，一共有 680 名。那一年，为了引导大学生创新创业，国家人力资源和社会保障部、国家发展和改革委员会、教育部、科学技术部、工业和信息化部、财政部、中国人民

银行、国家工商行政管理总局、共青团中央等九部委联合发文，就 2014—2017 年"大学生创业引领计划"作出部署，要求在高校中普及创业教育，加强创业培训。

请史一松当创业导师，其实是对一个赤手空拳闯荡上海滩的成功人士的最好的尊重。1971 年，史一松出生在安徽省安庆市怀宁县腊树镇一个叫史家大屋的村子里。大学毕业后，史一松只身来到上海，进入由新加坡人投资的金楼房地产公司从事水电安装管理工作，月薪只有 1200 元。为了提升自己的专业能力，史一松利用业余时间到同济大学夜大的经济管理专业学习。同时，他还报名参加了工程造价预算方面的技能培训。

史一松闯荡大上海，一方面因为上海有更多的机会。另一方，是他的哥哥在上海工作，业余时间开了个饭店，熟悉上海的情况。除了打工，一有空闲，史一松就到哥哥的饭店帮忙打杂。1994 年 7 月的一个周末，史一松帮哥哥去送盒饭，当他把盒饭送到一家装饰公司时，被会议室里的一番争论吸引住了。原来，这家公司承接了一栋别墅的装修业务，想不到装修结束后，安装的空调怎么也没有办法启动。史一松听了半天，大胆地说："我可以帮你们看看吗？"得知史一松是在房地产公司从事水电管理安装的，原本在争论的几个技术人员抱着试一试的心态，告诉了史一松别墅的地址。第二天，史一松参加完一个考试，就带了一个水电技术人员一起到别墅了解情况，经过仔细查看，发现这是一组当时很流行的一拖三空调机组，安装人员把几台空调的线路接错了，导致产生用隔壁房间的遥控器，无法启动这间房间空调的现象。问题解决后，那家装饰公司感激不尽，要答谢史一松。史一松很豪爽地表示，纯粹帮忙，不要报酬。得知史一松会做项目预算，那家公司的负责人就请史一松兼职帮他们做预算，也算是对他的回报。

正是史一松这种不计报酬而又认真负责的工作态度，赢得了别人对他的尊重，也为他带来了机遇。1995 年 6 月的一天，史一松接到这家装饰公司的电话，说有一个项目让他去拿图纸做预算。他如约而至，拿走图纸后承诺下周一准时交付。回到住处，史一松先把图纸放在一边。因后天就是星期天，他要参加一个考试，必须赶紧看书。考试一结束，史一松立即铺开图纸，边吃面包边对着图纸翻定额书，一直干到第二天早上 7 点多，终于完成了项目预算。那家装饰公司的总经理看了预算表，对史一松说："小史，这个工程交给你做了。"并安排会计开了一张 50 万元的支票作为预付款。这项总预算 170 万元的办公楼中央空调安装工程，事先没有签合同，甚至没有一个口头协定就预付 50 万元，是总经理对史一松人品和能力的最大认可，也就此改变了史一松的命运。

1996 年 11 月的一天，史一松接到时任浙江舜杰建筑集团公司总工程师的电话，这是他多年前在金楼公司相识的朋友。他告诉史一松，公司承接了上海城隍庙福佑商厦的工程项目，想把其中的水电、空调及电梯安装工程分包给史一松做，总造价为2400万元！要求史一松和施工人员必须全部被聘为舜杰公司员工，史一松出任项目部副经理。

从1996年年底项目开工，到1998年6月1日开业，福佑商厦工程浩大，工期长，时间紧，但史一松精心组织、精心施工，漂亮地完成了任务。为此，舜杰集团董事长奖励了史一松两套房子，并邀请他担任公司的经营科长，年薪15万元。史一松欣然同意，他放弃自己在项目上应得的利益，却着眼于舜杰这个更大的平台。

2001年4月，经过在舜杰公司3年时间的工作和学习，史一松已经掌握了建筑企业管理一般流程，也积累了丰富的人脉资源，他决定辞职，带领自己的人马闯荡一番。

这一次辞职后，史一松遭遇了意想不到的困难。接到的一些工程或因为小或因为难，皆如"鸡肋"。快到过年的时候，从家乡带出来的工人们沉不住气了，有人开始发牢骚。史一松耐着性子说："业务不好只是暂时的，如果大家相信我，过了年再来干，我不会让大家失望的。"可工人却纷纷提出来结清工资走人。史一松既无奈又感到痛心。14名工人，最后只有一名愿意留下。

　　面对危局，史一松认真分析自己的问题所在：急于求成，缺乏理性，具有冲动性和盲目性。他认识到，自己仅仅只是了解所在行业的一些基本情况和基本规律，还不能完全把握市场。想做什么或者不想做什么，不是他自己能够决定的，不可避免地要受到社会形势及行业游戏规则的制约，关键是要形成自己的核心竞争力。春节过后，史一松与南汇建筑总公司达成协议，成立了一个直属项目经理部，重新开始了在上海建筑市场的耕耘。3 月份，正是万物复苏、春暖花开的季节，史一松便在浦东承接了一个预算 1200 万元的项目。这一次不仅安装空调、水电，还扩大到整个土建工程。他还大胆改革管理模式，把工程按定额分块包下去，自己只留几个精干的管理人员。由于减少了管理成本，又提高了工人的收入，工地面貌一新，公司业务蒸蒸日上。

　　在中国这个世界最大的改革开放舞台上，创业已经成为一种蓬勃向前的动力。创业改变人生、改变中国。一切想有所作为的人都会响应着时代的召唤，从心出发，向梦想进军。

　　历史总是惊人的相似。在史一松的创业道路上，好多朋友无疑是扶助过他的贵人，而现在，他又成为史文娟、史丽娟、汪晓娜、王艳、徐梦和海庭她们创业生涯中的贵人。他把自己在实践中积累的经验和知识，毫无保留地传授给她们。在上海这座缔造传奇的城市，续写传奇，带着她们，走上梦想的道路。

2007 年，比雷福钢铁，从巅峰到谷底

2004 年年初的一天，史一松在上网浏览时看到，在世界 500 强企业中排名 191 位的美国 ITW 集团，准备在东南亚地区投资建立生产基地，他立刻敏锐地抓住了这条信息。经过一天的反复思考，史一松拟定了一封联系函，译成英文用电邮发了出去。有时候，对于一个企业家而言，对于大局的把握，才是他赢得未来的根本保证。

第二天，史一松打开邮箱，没有收到回复，他又发了一封。第三天还是没有回复，他再发一封……

一连 7 天，史一松发出了 7 封电子邮件，从区位优势、人才优势、资源优势、政策优势等 7 个方面摆出理由，进行了充分的论证。

第 8 天，史一松打开自己的邮箱，收到了 ITW 公司发来的回复，对方表示计划派员来上海考察相关投资事项。

当年 4 月，美方公司派员飞抵上海，刚在希尔顿酒店住下，就约见了史一松。双方通过坦诚的沟通，美方公司初步拟定把新

加坡、中国台湾和上海三地作为项目候选地。史一松把早就准备好的已经译成英文的商业计划书交给对方，并说："阁下和贵公司可能对上海还了解不多，我说得太抽象了，这样，再给我一个星期时间，我免费设计一份建厂效果图寄给您，供贵公司参考。"他的想法是，在不增加支出的同时，应该比竞争对手想得更多，展示自己为客户创造更大价值的能力。

在朋友的帮助下，史一松一周后终于将全套效果图发给ITW公司。很快，ITW公司回复了史一松："阁下设计的正是我们想要的东西。"2004年5月，ITW公司派了一个专家小组来到上海考察。6月，基本确定上海为首选投资的地方，第三次派员来上海选厂址。史一松全程陪同，并推荐选择松江出口加工区为项目基地。7月14日，美方公司又组团来上海，在史一松的协助下确定新厂落户地址，并迅速进入了筹备阶段。7月20日上午，美方公司同松江开发区签下了购地合同。下午，向史一松出具《委托书》，授权其全权处置建厂事务。

从公司注册到图纸设计到整个流程办理，都是史一松一个人负责实施。由于还处在筹备阶段，ITW公司的投资资金并没有马上到账，史一松垫上了自己所有的积蓄90万元人民币。不久，美方公司首期投资款1200万美元到账，当时折合人民币接近一个亿。史一松从没有见过这么多钱，为了对美方公司负责，他主动提出邀请律师参与管理，由其和律师共同掌管这笔资金，赢得了美方公司的高度称赞。史一松不负众望，全力投入建厂工作。考虑到中美两地时差关系，为了方便对方，及时进行交流，他每晚零点至凌晨两点，牺牲休息时间与美方公司进行网络交流，汇报工作进展情况，接受任务，修订计划。经过两个多月的紧张筹备，2004 年 9 月 28 日，总投资 7500 万美元的美国 ITW 集团保思乐紧固件（上海）有限公司正式成立，并在松江开发区举行了隆重的奠基仪式。为了表彰史一松的杰出贡献，美方公司特向其颁发了大额奖金。

2005 年 5 月 20 日，投资 1600 万美元的保思乐紧固件（上海）有限公司首期工程竣工投产。企业每分钟生产钉子 1200 根，每天消耗钢材 160 吨，每月需产品包装纸箱 20 万只，木托盘 2000 个。在开业典礼上，集团总裁戴维斯比尔先生激动地说："我们衷心感谢史一松先生和他的团队在这么短的时间内，为我们建起了高质量的漂亮厂房。"

成功引进保思乐公司，不仅使史一松获得了工程项目，更为他的发展，提供了广阔的商业平台。2005 年 10 月，史一松注册成立了上海比雷福国际贸易有限公司。比雷福是英语译音，意为诚信。在自己创业的历史上，史一松认识到，最大的资本就是诚信。如果没有自己像季布一样一诺千金的行为，怎么会在大上海赢得一个个企业家的信任，获得一个又一个发展的机会？现实中，许多比他聪明的人，正因为太会使用自己的小聪明，结果往往一事无成。

　　不久，史一松又收购了一家工厂，成立了比雷福包装材料公司，专门为保思乐产品生产配套包装纸箱。为了战略整合的需要，2007 年，史一松还投资 1.6 亿元，收购了家乡的安庆轧钢厂，改名为安庆比雷福国际钢铁制品有限公司，专门为美国 ITW 公司提供钢铁原料配套。其中，6000 万元是他多年经商的积累，还通过融资租赁形式，向中航工业集团国际租赁有限公司借款 1 亿元人民币，购买现代化的钢铁设备。据说，这家工厂还拥有自己的码头和铁路，可谓规模庞大。2013 年，因为各种原因，国家政策的改变，金融行业收紧，致使资金链断裂。巨大的融资债务，一下子压垮了安庆比雷福国际钢铁制品有限公司。

　　从根本意义上来讲，所有成功的企业家都要经历过失败。但是，并非所有失败的企业家都会再次走向成功。失败，有时候是一种财富，它不能用金钱来衡量，却可以为创造财富提供正确的方法。创新，是企业家精神的灵魂。如果没有从浩如烟海的网络信息中敏锐地捕捉，就不可能有保思乐紧固件（上海）有限公司的存在，也不可能有比雷福系列公司的出现。但是，预想中的风险，还是那么突如其来地来了，几乎一夜之间，史一松又回到了最初的起点，甚至还不如最初的开始，因为他背负着近亿元的债务。唯一拥有的，就是惨痛的失败教训。史一松开始变卖房子，一套又一套，除了自己居住的房子，所有的房产全部在市场上抛售。还有几家企业每年有一定的盈利，但对于巨大的融资债务来说，可谓杯水车薪。但是，史一松坚持不懈，四处筹款，为自己的错误买单。许多年以后，他深刻地反思了自己的失败："开始太顺了，胆子太大了，以为自己无所不能。什么都好赚钱，什么都想干，一点风险意识也没有。"创业，都要承担一定的风险，但风险一定要可控。如果超过了承受能力，可能就是一场灾难。

从某种意义上讲，史一松的这次失败，也许是他人生中最大的一笔财富，让他认清了自己性格中最大的弱点。也可以说，他能够胜任大学生创业导师，是用自己惨痛的教训，为涉世未深的大学生创业群体，提供了一个样本。

2017 年，与青春一起飞的梦想

从 2006 年开始，史一松每年出资人民币 5 万元，设立史氏优秀大学生奖学金，先后为全国 70 多名史姓大学生提供了学习资助。这笔赞助，在他最困难的时候也没有停止过，直到 2014 年，史一松遇到史丽娟后，一个小小的善念，结出了丰硕的成果，在帮助史文娟创业的同时，也为自己的事业开辟了一条崭新的路径。

英弘教育的创办过程，其实也充满着艰辛。一开始，投入巨大，产出却不大，整个松江大学城的资源有限，企业入不敷出。很快，英弘教育发展到奉贤海湾大学城和杨浦区大学城集聚地附近，局面才慢慢被打开。史一松考虑到，培训机构要盈利，一是要有自己的核心竞争力，就是教学的方法；二是要有一支具有共同价值观的团队；三是要形成自己的品牌；四是要不断开拓市场，形成规模效应。他坚信史文娟提出的教学方法具有独特性，市场前景广阔。他从学员中挑选优秀者，通过聘请助教形式，培养他们成长，让他们慢慢融入团队，也改善了这些学生的生活。对于这些具有创业意识的大学生，史一松更多的是把自己的创业经验传授给他们，让他们参与自己的社会实践，通过具体案例，提升他们的能力。他把这项工作，既看成是自己创业导师身份的一部分，更看成是英弘教育人才培养计划的一部分。史文娟、史丽娟、汪晓娜、王艳、徐梦、海庭……就是在这样的背景下不断成长起来的。

说起在英弘教育的成长经历，史文娟说："我只是一个大学毕业不久的年轻人，抱着一股创业的激情，其实什么都不懂。"在史文娟创业最无助的时候，史一松为她找到了一个导师，是在一家世界500强企业担任HR总监的职场高管，史文娟管她叫明敏姐。在明敏姐的帮助下，史文娟慢慢学会了控制情绪，能根据市场的需求制定营销方案，能制定工作计划，能抓好落实措施，能虚心地向比自己优秀的人学习，能带动整个团队一起向前发展。

2016 年，英弘教育到徐州发展，选择江苏省师范大学作为第一个教学点。史文娟带队开辟了这个全新的市场。第一次公益讲座，来了 300 多人，最后付费报名的有 100 多人，效果之好，完全出乎史文娟的意料。2017 年上半年，英弘教育仅在徐州就招收了 3000 多名学生。史文娟自己也没有想到，经过一年不到的艰苦发展，英弘教育在徐州迎来了一个全新的爆发期。用 2017 年 6 月刚刚加盟英弘教育团队的张晓芳的话来说，"我们这个团队团结、拼命！因为有史一松，我们相信未来会更好！"史一松投入的，不仅仅是资金，更是他跌宕起伏的人生的丰富内涵，他像一头狮子，带领着一群绵羊，去开创伟大的场面。他的创业梦想，与这么多青年人的青春一起飞翔。

继开发徐州市场后，英弘教育在江苏镇江、安徽马鞍山市场相继开拓成功。史一松看到了上海品牌、先进教育、精英团队的影响力和号召力，确定了以上海为核心的高铁 3 小时业务发展圈，他要把英弘教育的版图做大做强，他感觉和年轻人在一起，自己有使不完的力气。

如果把创新看成是企业家精神的灵魂，则冒险是企业家精神的天性，合作是企业家精神的精华。从赤手空拳闯荡大上海开始，史一松凭借自己的勤奋、诚信和善良，交到了一个又一个朋友，把握了一次又一次机会，赢得了一笔又一笔财富。他白手起家，又成为"亿元负翁"，再绝地重生，故事精彩跌宕，但核心的一切，就是秉承诚信的理念，不放弃、不抛弃，坚信在这个伟大的时代，只要有梦想，只要坚持不懈，就一定能实现。

史一松的故事，无疑是这个时代企业家精神的生动的诠释。

八

百折不挠敢为人先

——记上海长跃通信技术有限公司董事长　徐济长

　　远在千里之外就能获知通信工程光缆交接箱的功能状态信息，打开电脑和手机，就能查询通信机站异常状况发生的地点，拥有移动设备就能适时报警……

　　这一先进的通信技术就是来自于上海长跃通信技术有限公司董事长徐济长带领他的团队，通过他组建的光通信技术团队研发而成。他追求卓越，博采众长，在短短三年里，取得了43项专利，其中发明专利14项，产品获得中国移动创新二类成果。这个产品，以互联网远程智能化管理的形式，填补了我国通信领域技术空白，解决了通信行业多年不曾解决的问题。为中国电信、中国移动、中国联通提供光纤到户的解决方案和设备供应，下设华东、华南、西南、华北、西北分部，产品和服务已由国内延伸到海外二十多个国家和地区。

　　经过近二十年的艰苦拼搏，历尽坎坷，终于在通信行业开辟出属于自己的一片蓝天。他创立的上海长跃通信技术有限公司成立于2009年，注册资本10010万元，是集通信网络、设备研发、生产、销售、服务于一体的国内较早光通信行业的高新技术的企业。从事通信技术领域内的技术开发、技术服务，通信工程，计算机网络工程，楼宇智能化技术等工程，销售、生产光纤活动连接器、光纤配线架、光缆交接箱，从事货物及技术的进出口业务，光纤产品、光器件、电源设备、新能源设备、智能物联网设备、机电产品及其配套产品、通信配套设备的组装生产。多年来，始终坚持以不断创新，跃马无疆的企业精神，领航于中国通信领域，近几年一跃成为行业的翘楚。

磨难与理想

古人曰:"不积跬步无以至千里,不积小流无以成江海。"1974年,徐济长出生在安徽庐江县一户农民家庭,在家中排行老大,下有三个妹妹,小时候家庭极为困难,因缺少劳力,每年粮食都不够吃,常常饿着肚子上学。记得上小学的时候,母亲白天在地里干活,晚上做家务到深夜,凌晨两点多便起来干活。他年纪虽小,可看在眼里,深深地理解父母的艰辛。为减轻父母的负担,很小的他就会干农活,五年级时一天能割近二亩稻谷,栽插一亩的秧苗。用镰刀割稻时曾无数次割伤指头,留下的伤疤至今清晰可见。

为了给自己和妹妹交学费,想方设法挣钱,经常晚上到田里抓泥鳅、黄鳝卖钱。从初中到高中,基本都是他自己想办法交学费。徐济长从小就显出过人的天赋,天资聪颖,懂事勤奋,成绩优秀,在班级总是名列前茅,高一结束后直接跳级就读高三。是学校里当之无愧的"学霸",是老师和父母的骄傲。高考结束后本来可以拥有上大学的机会,但接下来却是深深的担忧,一年几千元钱的学费对于他的家庭来说简直是天文数字。眼看着妹妹们在上学,面对家庭的状况,徐济长含泪告诉父母,放弃上学的机会,南下上海打工补贴家用。

小时候在村里只有一家邻居有电视机，电视剧《上海滩》吸引他风雨无阻，前去观看，对大上海更是心驰神往。他想，成功的路不只有一条，上不了大学也能实现自己的梦想。家在农村，出路只有读书、当兵、打工，他选择了以打工来改变自己命运。1994 年年初，他从家里步行 15 公里后坐上一辆客车，从此开始了闯荡"上海滩"之旅。

勤奋与收获

俗话说：理想很丰满，现实很骨感。首先面临的是要生存下来，于是他顺着火车站附近的沪太路店面挨家挨户地问，是否需要小工、大工等。后来在一家饭店找到了一个洗盘子的工作，暂时有了栖身之所，至少可以解决一天三顿饭。三个星期之后，他通过多方打听联系到了一个早几年来的初中同学，她在一个家具厂工作，老公是厂里大师傅，虽日子稍微好过一点，但一家三口也仅租住在七八平方米的小屋里。经他们介绍徐济长来到家具厂做小工，负责用电锯锯木料，管吃住每月工资 300 多元，每个月可存个 100 来元钱。由于没能上过大学，当时他一心想报自学班，但咨询后得知需要 3000 多元学费。他想，在这里工作下去什么时候才能存够学费钱呀！于是，他就天天看《新民晚报》，找上面的招聘信息，利用周末时间跑劳务中介，看有没有合适的工作，想多挣点钱，供家里三个妹妹读书，同时也能为自己报自学班攒学费。

　　之后，他终于找到一份做销售的工作，帮一家公司卖煤气灶上的节能圈，天天到各小区，每家每户地去推销。别人一天赚30元，但他天天跑得比别人多，因此，能赚到70—100元。晚上没事的时候，他就看一些励志书，学习如何做一个伟大的推销员，其中一本书中介绍了一位日本天才推销员原一平，身高1.4米，开始去一家保险公司应聘被拒绝，但他向主考官说他可以在公司里的走廊上站着，不要办公桌，后来通过努力在保险界做得非常优秀。他说勤奋能弥补一个人的情商或智商的缺失，也就是勤能补拙。你见到的客户越多，成功的机会就越大，人是因为痛苦而改变自己，按中国的话说就是穷则思变。徐济长看后非常感动，也深有感触，通过阅读书里的励志故事，改变了他对社会、对生活、对人生的看法，也改变了他自己的命运。

　　在做销售的时候，他拿到每月2000多元的工资，这对于他来说已是不错的收入了，因为当时在家具厂当师傅每月才800元。因此，他觉得自己还比较适合做销售这个行业。但一段时间后他在思考，这样长期下去也不是办法，因为上门推销让人反感，遭白眼是常事。有时二楼的人听到他在一楼敲门便叫着不准再上二楼，令他非常难堪，心理承受着巨大的精神压力。有一次敲一户人家门，房主开门后一把将他推倒在地，说上夜班刚刚回家休息，当时他也能理解，毕竟是冒昧地打扰。但委屈和难过一起涌向心头，他就一口气走上六楼，忍住泪水，长舒一口气，平复一下心情，接着又继续从上到下敲门推销。

一天，在中午休息的时候，他又来到一家劳务中介所，听工作人员说刚有一个上海普天通信邮迅设备有限公司经理来此招工人，没招到就走了。说者无意，听者有心，他赶忙打听，得知这家公司的名字，但没有具体地址，只知道这家公司是在沪太路上。于是，第二天一早，他就在沪太路上挨家挨户地找。功夫不负有心人，一直到下午四点多钟时终于找到了这家公司，见到了那个经理，经理得知他寻找的过程很是感动，就让他到厂里当工人。徐济长说："我不愿做工人，做工人何时是个头儿啊！我老家父母年纪大了，还有三个妹妹在读书，房子还需要重建，我可以做销售。"经理说："你做过销售吗？你对我们的产品不懂，又没有客户资源，你是做不下去的，我们这儿做销售员的底薪只有1200元，是靠拿业务提成的。"徐济长斩钉截铁地告诉经理："请您给我三个月时间，没有业绩之前我只要每月600元，三个月过后如果我业绩好，请您再把之前的补给我。"

真是初生牛犊不怕虎，经理被他的执着所打动，就让他试试。其实他看似踌躇满志，心里却没底，因为一个客源都没有，一时间让他无从下手。第一次出差是坐火车到安徽宿州，因为那里是安徽的地市，他想业务就从家乡开始。到了宿州，在一个小旅馆住下后，便找到当地邮电局，可值班室的人因他不知找谁、哪个部门而拒绝他进门。第二天，他又去了，可值班室又换了个人，还是不让进。他灵机一动说找采购部经理有事，值班人员让他先进行登记。登记时，他看到一个叫华某的名字且偷偷记下名字后面的电话号码。他告诉值班人说就找这个人，值班人问他关于这人的电话号码，他很快说出。之后，他找到采购部的主任，告诉他自己的家庭情况和产品介绍，并诚恳地说："你是我的第一个客户，希望能给我机会，圆我上学的梦想。"主任见他人虽瘦小，却精明干练，说话掷地有声，很是欣赏，就让网络部负责人对产品的性能、价格、质量等情况进行比较后，很顺利地签下协议。终于第一个客户出现了。

接着，他先后去了安徽其他地方，中间虽有曲折，但最终都成功地签订了合同。在满心欢喜的同时，他对自己做销售工作充满了信心。当他拿到多家订单回到公司时，销售部经理异常惊叹。初战告捷，公司也履行承诺，第二个月就给他转正了。

《羊皮卷》是世界上著名的励志丛书，它所蕴藏的力量改变了无数人的生活和命运。徐济长更是从中受到启发，理解什么是坚持不懈。从1995年到2005年，他在上海普天通信邮迅设备有限公司工作的十一年里，是他从青涩到成长的过程，也是他从耕种到收获的过程。从销售员、销售经理、销售总监到市场部总经理、公司副总经理。之所以能有些成绩，他认为是经常看书，从中获取智慧、启发和勇气，本想先去报个学校函授学习，但妹妹们要读书，自己先赚点钱，缓几年再读书不迟。因而，他风里来，雨里去，不怕吃苦，日夜奔波。俗话说天道酬勤，从进入公司第一年他拿到提成 5 万元。1995 年至 2000 年间，每年收入几十万元，1998 年拿到了 47 万元，高兴的用尼龙袋裹紧钱背回去过年，坐在火车上守着尼龙袋一夜不敢眨眼，到家后亲戚帮他把带回的钱存进银行，他第一次知道了什么是银行，从此改善了家庭的经济状况。

2006 年，有了一些积蓄，他如愿开始进行深造和学习，为了完成自己的创业梦想，他离开了工作十一年的公司。在合肥购置了几套房子，成立了汽车租赁公司和建筑工程公司，想立足合肥，大干一场。后来由于对该行业不懂，经营出现问题，相继亏损倒闭，之前多年的积蓄付之东流。有点壮志未酬身先死的味道。

创业与发展

只要决心成功，失败永远不会把你击垮。他又翻开他心爱的《羊皮卷》，细细品味："我绝不考虑失败，我的字典里不再有放弃、不可能、办不到、没法子、成问题、失败、行不通、没希望、退缩……这类愚蠢的字眼。我要尽量避免绝望，一旦受到它的威胁，立即想方设法向它挑战。我要辛勤耕耘，忍受苦楚。放眼未来，勇往直前，不再理会脚下的障碍。我坚信，沙漠尽头必是绿洲。”

心若在梦就在，看成败人生豪迈，只不过是从头再来。他轻抚受伤的翅膀，决定重拾信心，再次起飞……

2007年，再次来到上海。吸取之前的沉痛教训，他决定重操旧业，还是投身通信行业。在同行朋友介绍下，2007年至2008年在江苏东洲集团上海光通信事业部担任总监，当时公司刚组建事业部，整个事业部就是他一个人，几乎是要钱没钱，要人没人，更没有客户。他白手起家，第一年便为公司发展了六家客户，销售额达300多万元。只是，这家公司没有自己的生产线，一直卖别人的产品，因此受到制约，没有发展的空间；2008年年底，他又来到了上海乐通通信设备（集团）有限公司，再次从事销售工作。到第二年，他的销售额做到全公司前三名，更重要的是开发了湖南、江西、天津、河南等地的市场，后公司将他调入集团总部，担任市场部总监；2011年至2012年又到了江苏通鼎集团设备公司任常务副总，在此又干了一年。

眼看着年近四十，到了不惑之年，一直想实现自己的创业梦想，拥有自己的团队，去实现自己的人生价值。

2012年6月，他启动了自己2009年注册的上海长跃通信技术有限公司，面对没钱、没人、没产品、没地方，他卖掉了合肥的房子，投资240万元，建立了一条光纤跳线生产线，开始招了6个人，到年底发展到30人。第一年甚至以房产抵押贷款发工资及维持生产。第二年企业稳步发展，并获得了几百万利润，之后，每年利润翻番，达到几千万元。从一种产品到现在十几种系列通信配线设备和智能物联网通信设备。以大市场、大采购、小生产、精技术、求创新为发展战略，与华东理工大学、中国科技大学、合肥工业大学等建立了良好的合作关系，进行研发创新。

近年，他在上海及合肥等地购买土地，建立智能化工厂、无尘化车间，进行流水线式的生产，实现以国内的运营商为主，兼顾国外市场的拓展。

现任上海长跃通信技术有限公司合肥分公司总经理范耀文，他是徐济长当年在上海乐通公司工作时的领导，今年70多岁，他说我们工作了一辈子都不敢创业，很佩服他的胆略和眼光，尤其是他对市场的敏锐判断！

近两年来，在他的带领下，公司发展迅猛，先后到越南、日本、新加坡、沙特、迪拜、德国、西班牙、俄罗斯等参加通信展，并达成销售协议。上海长跃及产品吸引了世界各地客户眼光，进展位洽谈的客户络绎不绝，取得近千家客户联系资料，达到预期参展目标。通过这些展会，标志着长跃新产品已真正跨出国门，走向世界！

2016 年 1 月，徐济长接受了 CCTV2 独家专访。2016 年 8 月在安徽与杰事杰集团董事长、全国人大代表、博导杨桂生先生等共同出席阿拉善 SEE 项目安徽发起大会。

2016 年 10 月 18 日下午，2016 中国国际徽商大会·徽商论坛在合肥举行。论坛围绕"创新开放"主题，安徽省政府领导、国内外著名学者、世界 500 强企业高管、海内外知名徽商及徽商团体代表演讲，聚焦合肥综合性国家科学中心、合芜蚌国家自主创新示范区、皖江示范区、长江经济带建设等，为打造内陆创新高地、开放高地献计献策。徐济长作为徽商企业代表之一应邀参会。

感恩与奉献

"回首少时的艰难和创业的坎坷，我认为那都是上天赐予我的真正的财富。一路走来，得到过无数人的帮助。我感谢过去，感谢朋友，感谢亲人，更感恩时代，感恩社会。滴水之恩，我当涌泉相报。我在书上看到：一个好人和一个伟大的人区别就在于好人能够给人以帮助，给人以温暖。而一个伟大的人不仅会给人以帮助，给人以温暖，更会竭尽全力使这个社会变得更加安全，更加和谐、美好。我不敢说我能做伟大的人，但我从好人做起。"徐济长说。

他心性善良，乐于助人。他说："小时候家里太穷，深刻理解想被帮助的渴望，如果我的帮助，雪中送炭，可能会改变被助人的一生命运。我一直以来助学、帮困，送去一点温暖，特别是能帮助贫困孩子通过读书改变命运，让他们对生活、对未来充满希望。更重要的是带动和呼吁社会上更多有责任感、有能力的人去帮助那些需要帮助的人。人人都奉献一点爱，世界将会变成美好的人间。"

实际上，在他刚出来打工不久，工资每月才 1000 多元，得知母校重建时捐款 2000 元。后来经济状况好转，他捐助学生、帮扶的家庭不计其数，并出资参与成立上海安慈公益天悦专项基金，为成立天悦助学帮困专项基金捐款 100 多万元；2016 年 6 月 26 日，他积极组织车队及人员携带帐篷、毛巾、棉被等急需品，赶赴遭受龙卷风袭击的阜宁进行支援；2016 年 6 月 30 日至 7 月 6 日，连续强降雨，导致安徽庐江县发生特大洪水灾害，百年一遇，损失惨重，他立即向庐江县灾区捐款 10 万元，组织上海庐江同乡会、上海安慈公益天悦专项基金会及各界爱心人士捐款 36.21 万元送到安徽庐江灾区 6 个乡（镇），并慰问武警驻庐江抗洪救灾部队。联系、组织和赞助第二军医大学长海医院专家团走进庐江县开展大型义诊；之后，又马不停蹄带领安慈公益天悦基金会爱心人士翻山越岭，不辞辛苦地走进大山，赶赴革命老区金寨县汤家汇镇深入到 20 户贫困户和 3 位贫困学生家中走访慰问并捐款捐物，并在合肥分公司为贫困户提供就业岗位；建爱心微信群发动在上海的安徽企业家捐款 18.32 万元到贵州省六盘水、遵义、毕节三市的三所高中资助 86 名品学兼优的高三学生，走访了 15 位贫困学生。他鼓励同学们好好学习，将来回报家乡和社会……

在他的爱心感召下，越来越多的沪上徽商自动加入到他的助学帮困团队，大家根据自己的能力几十、几百、几千到几万的捐赠，2017 年他多次带领沪上徽商爱心团队到金寨、霍山、舒城、庐江、太湖等地资助学生、走访贫困家庭；10 月 21 日是他第四次到革命老区金寨县走访，他说：我作为一名共产党员和一位企业家，必须带头积极响应习近平总书记"动员全社会力量坚决打赢扶贫攻坚战"的伟大号召，尽己所能并作出"只要金寨不脱贫，我会坚持年年来"的承诺。

徐济长说："一份爱心，也是一份感恩。在帮助别人的同时也帮助了自己，帮助别人、快乐自己！净化了心灵，收获了感动！"这就是他对爱心付出的最好诠释吧。

多年来，他情系家乡，爱洒江淮，心存感恩。为社会各项公益捐款达数百万元，从 2015 年开始，他决定从公司净利润里提出 3％做社会公益慈善。

父母是孩子的榜样，父母都希望孩子有所成就，勤奋读书，快乐生活。徐济长经常带着孩子到安徽金寨等地做公益活动，与贫困学生帮扶结对；过年时总是让孩子自己上街买过年礼物，自己再送到贫困的老人们家里，让孩子知道人间的疾苦，给孩子懂事成长的机会，从而学会珍惜和感恩，树立富有爱心，乐于助人的品质。暑假里，他让女儿到他们的生产车间当工人，体验工人的艰苦生活。教育他们要老老实实做人，踏踏实实做事。不忘初心，善良正直。他经常告诉孩子：好好读书并不是为了报答父母，而是为了社会，为了国家！

对于人生感悟，徐济长说："我引用名人的话：机遇之神出现时从不佩带财富、成功或者荣誉的标志。因此，做每一件事，都要竭尽全力，否则，最后的机会就会无声无息地从你身边溜走。无论面对任何难题，都唯有靠勇气和毅力抓住它们。干一行，爱一行，精一行。看似平常春天的黎明，当某一时刻的花开，也许，那就是你成功的时刻。"

从徐济长的创业经历中，彰显着不畏挫折，坚韧不拔，一路向前的人生气魄。这也许就是徽商的气魄：敢于亮剑，立信潮头！

九

乘风破浪立潮头

——记上海启佑（金融集团）董事长 张 龙

乔治·索罗斯说:"金融世界是动荡的、混乱的,无序可循,只有辨明事理,才能无往不利。如果把金融市场的一举一动当作是某个数学公式中的一部分来把握,是不会奏效的。数学不能控制金融市场,而心理因素才是控制市场的关键。更确切地说,只有掌握住群众的本能才能控制市场,即必须了解群众会在何时、以何种方式聚在某一种股票、货币或商品周围,投资者才有成功的可能。"这位曾经"跺跺脚"都能引起世界金融市场地震的世界投资大鳄,其实并不受亚洲市场欢迎,但张龙对他特别崇拜,他的投资理论与成功之道,也影响着张龙的创业人生。

股海如战场,如剑道,知己知彼方能百战不殆。张龙自 1996 年学习金融并进入香港金融市场,并师从于香港"波浪大师"许沂光,他深谙这位"波浪大师"的《投机智慧》,二十年磨砺,百炼成钢。有成功有失败,有欢笑有泪水。如今,他那自信、勇敢和智慧交织出的光芒在中国乃至世界金融市场上闪耀,将胜利喜悦和欢欣与更多人分享。倾心打造启佑集团，群英汇聚，在当今金融市场大舞台上上演着一场场精彩而又成功的大剧！

独树一帜的启佑

企业文化是企业成员共同的价值观和行为规范，反映一个企业的社会追求和远大理想，代表着企业对经营、管理以及对事物的判断标准和原则，阐明企业的远景、使命和精神。当然，张龙更是重视启佑文化的打造，从他集团公司的旗帜和 LOGO 可以看出他的匠心独具：深蓝海水，代表全球市场，以上海财富在世界流动，辐射国际金融市场。

从 LOGO 的表述：金色、货币、双杠、汹涌、波涛、渐变、汇海、磅礴、财富；联动含义代表着启佑的认知：汇海无垠，时代的弄潮儿，汇市的弄潮儿；是站在金融市场尖端的那一少部分人，彰显大浪淘金，深如海、灿若金、凶似浪、启佑盛。在夜色下，每一柄浪剑，每一涌浪锤，愈发难测、汹涌，可这正是他们习以为常并擅长的；在浪脊上如履平地，在波涛中自由游弋，把小船划向黎明；启佑人不惧风暴，坚韧不拔，为您的财富保驾护航，与您共创美好明天！

张龙说："这面旗帜就是启佑的灵魂，人在，旗在，阵地在！"在不断地成长过程中，启佑旗帜飘扬到世界各地。

追求卓越，创造辉煌，投融天下，济资四方。在这面旗帜下，张龙带领他的精英团队一往直前。如一艘动力十足的航母，在金融市场的大海中破浪前行……

自 2013 年张龙创立上海启佑资产管理有限公司以来，通过运营资产管理、投资管理经营、计算机软件开发，重点主攻二级市场的交易技术和程序化智能化技术，在股票期货外汇及衍生品交易技术方面取得优异的成效。公司目前已经建立了完备的公司治理结构，拥有优秀的人才队伍，具备强大的投资研究、风险管理和综合管理能力。公司总部位于上海繁华中心路段淮海路，在职员工数十余人，50%以上具有金融学历，部分员工具有海外留学或工作经历，多名员工获得注册金融分析师（CFA）资格、国际金融风险管理师注册资格证书（FRM），这些人才规模和人才素质对公司的经营管理形成了有效的支撑。

公司业务发展迅速，开业首年在业务拓展、资格获取等方面均取得了喜人的成绩。目前公司具有强大的风险管理能力、投资计划产品创新能力和直接证券、期货、国际衍生品投资管理能力及拥有广大的业务空间和强大的业务创新能力。公司良好的市场形象，为提高行业知名度，参与国内金融市场产品创新，拓展相关业务具有积极意义。

启佑以第一个字母"QY"为名号布局全球，建立并打造世界性的金融品牌，建立以上海、香港和英国为中心，并在上海、香港、美国、英国、新西兰、澳大利亚、开曼群岛，分别建立各类型金融类公司，建立"QY"品牌系列公司，并申请到多个国家多类型的金融牌照，特别是 QY Market 的 FCA 监管牌照，建立循环的内部金融生态链，以完成世界金融体系的布局。

汇聚八方财富，引领产业未来。张龙与启佑公司因适而生，因变而通。自 2013 年成立以来，由小到大，由弱到强，由粗放经营到规范运作，基本确立了自身的社会地位和企业价值观。启佑逐渐发展成为有影响力、有实力的金融服务集团，业务范围涵盖了国际金融，谋取多个国家多类型金融牌照，形成具有发展特色的金融业生态链，涉及国际外汇交易商、资管服务平台、国际基金平台、货币支付服务、投行服务等多方位服务为一身的综合性平台。启佑正在以前所未有的发展和繁荣态势，形成多元化的金融服务集团，并将发展成为国内以上海为中心、国际以香港和英国为中心的金融集团。

智慧创造财富，理财改变生活。张龙的经营理念是以为投资人谋求最大的投资收益为原则，沉着冷静，诚信做人，专业做事，勤勉尽责，稳健经营，扎实工作，冷静果敢。为投资人赚取稳健、高额的投资回报，让投资者"轻松、安全、高效"地分享优秀交易高手的智慧成果；为被投企业的发展起到推波助澜作用。他带领全体同仁秉承"胜则举杯相庆，败则拼死相救"的理念，打通了资金运作通道，建立了完整的项目来源和渠道，整合了企业发展的多方优质资源，为启佑未来的高速、稳健发展奠定了坚实的软、硬件基础。希冀着能在投行的康庄大道上走得更稳健、更美好、更久远……

专业创造价值，诚信开启市场。二十一世纪是经济全球化的世纪，资本市场在金融体系中的地位与作用日益彰显。投资管理公司作为沟通资金供求、优化资本市场的桥梁，在国民经济发展中起着越来越突出的作用。张龙相信，在这片充满机遇的热土上，一定能孕育出自己一流的投资管理公司，并以矫健的身姿不断提升自己，来顺应市场化、职业化、专业化的要求。以客为尊，诚信为本，来实现自身的价值。专注增值服务，致力长期共赢。以诚信经营、睿智博弈，做价值投资理念的坚定追随者，不盲目追求短期收益，注重控制投资风险，以细水长流的方式积蓄力量，追求长期持续的稳健回报是张龙所信守的原则。在稳健经营的基础上及实践中积极探索着具有中国特色的投资发展之路，在实施专业化、规模化、多元化发展战略的进程中，建立优秀的管理团队，以雄厚的资本实力、丰富的实战经验以及诚信务实的职业操守"专业、专注、诚信、稳健"地向客户提供更专业的投资与理财服务。以"投融天下，济资四方"为目标，帮助更多的普通人实现他们的财富梦想。

发挥团队优势，开拓创新意识。张龙知道，人才是企业发展的动力和重要保证。因此多年来，他非常注重人才队伍的建设。

管理人才团队：由从事金融、私募、外汇、基金、法律相关专业人士组成，管理团队不仅精通理论，更精通交易实战，同时具备金融行业的管理经验。

资产配置团队：负责自有资金和投资者资金的使用和管理，根据市场变化和流动性安排调整资产类别配置；对投资绩效进行管理和跟踪评价；进行投资业务层面的整体组合研究、流动性风险策略和实施管理；研究金融市场的动态为公司决策提供支持；探索境外资产配置的模式和路径。

启佑海外布局：借鉴全面风险管理框架（ERM）和国际风险管理准则，建立了"高层决策、专业负责、部门联动、全员参与"的风险管理组织体系，形成了职责明确、分级授权、内控严密、相互监督的风险管理运行机制。并根据实际，建立了行之有效的"三纵四横"的风险控制防线。其中，"三纵"为事前防范、事中控制、事后检查，是业务和管理部门的第一道防线；风险管理部、法务合规部及信用管理部是第二道防线；审计部是第三道防线；"四横"为风险控制委员会确定控制政策、业务部门。

投资决策体系：他着重于中长时期内的资产配置方案，将风险承受能力、资产作为根本要求。对各类资产收益率一般采用中长期预测值，调整交易频率，在战略性资产配置的范围内进一步优化，着重于中短时期内的资产配置方案。

在第三方资产管理方面，同样为各类委托人提供了良好的投资回报，包括自 2013 年开始受托管理的家族委托资金年化收益率超过 50%，以及境外投资者自 2013 年开始委托给他们管理的资金收益也超过了委托人的预期回报，启佑自成立以来，没有给任何一个投资人带来亏损，根据不同类型的投资者需求，圆满地完成投资计划和盈利预期目标。启佑制定策略，以稳健型为前提，以盈利后转激进型为导向，以控制风险为中心，使投资获得更加合理的收益。

此外，在 2015 年，他根据多年的从业经验，制定了《启佑操盘手九段细则》，属于行业内首创。《细则》明确：

> 交易品种、时间，即可交易品种是欧元、英镑、澳元、日元、加元、瑞郎、纽元 7 大直盘货币为主。
>
> 制定考核时间及评分标准。考核时间：每月第一个交易日起算，满 20 个交易日，最长时间为 2 个自然月内。评分标准：账户按照 10 万美元账户计算（账户资金大小按比例进行折算）。并明确了每日盈利金额、盈利比例以及考核得分。
>
> 明确升段、降段、维持标准。按照级别供给操盘手交易

资金，从初赛、复赛至1—9段进行模拟及提成比例。对达到七段及以上的操盘手，公司给予重大奖励；并为符合条件的操盘手量身定制基金方案。同时，还配套制定了相应的操作规则、红线机制、审核机制……

在建立和独创了操盘手"九段制"《细则》后，他又提出"三周期操盘理论"的培训，同时组建交易团队，命名为"龙之队"。2015年已开始，每年吸收更优秀的新鲜血液。自组建"龙之队"以来，每年一届，时间是4000小时，按每天8小时，500个交易日计算，预计一届的培训时间在两年左右。中间分阶段、分步骤，以不同的方式进行多方位、多层次的实战训练，效果达到盈利两倍以上。很多教学培训内容是由张龙结合市场知识编写的教材，同时，由拥有国家版权局颁发的计算机软件著作权登记证书的他亲自授课。

张龙说："培训内容不仅限于专业技术知识，还涉及学员综合成长的历程，以达到全方位的人才发展。从学员的表达、心态、形象、素质等方面都有严格的要求。培养的对象必须热爱金融行业，渴望在金融市场有所成就，具有很高的领悟能力和天赋的特点。因为金融市场交易是数学、心理学、哲学和艺术的综合体，因此必须要求学员除形象好、气质好外，还能吃苦耐劳，心理承受能力强，胸怀宽广。每次学员培训，我上的第一课就是心态课。因为在金融市场中，人性的弱点暴露无遗，所以端正态度尤为重要，可以说心态决定成败，心态决定未来。我办此培训班不收学费，宗旨是为了行业、为了企业发展培养高端人才，带动和影响一批年轻人成长、成才、成就和成功，将培训机构打造成为亿万富翁的摇篮。同时也为民族、为国家的金融事业做出自己的一份贡献。"

这些有效、系统、科学、规范的管理与不断创新，让整个集团公司上下一条线，纵横一条心，形成一个良性循环的产业链，使企业迅速发展壮大。现在，他已瞄准构建海外全球市场的综合发展平台，他不仅满足于市场交易，更注重团队建设，以香港为支点，在多个发达国家成立公司，并以启佑"QY"为前冠名称，现在新西兰、东南亚、美国、欧盟市场，参与和正在参与申请几块境外金融牌照，以达到行业布局。在这个综合平台上，实现为国内、国际投资者提供更为优异的综合性服务。

创业历程

一个职业投资者，最大的痛苦，莫过于在经历一次又一次的失败；最大的骄傲莫过于在意识到所有的人都错了，而只有自己才是正确的那一瞬间；最大的安慰莫过于在时光流逝、尘埃散尽、万事万物终于水落石出的那一天……

　　张龙的导师、被誉为香港"波浪大师"的许沂光在他《投机智慧》一书中说:"在金融市场数十年,学会了一个道理。每一次轻视敌人,都是一次与死神擦肩。哪个功成名就的大人物,身后不是一部血泪史?"

　　诚然,收获成功后的喜悦大多一样,但过程各有各的不同。对于张龙来说,在他的创业之路上,同样尝尽酸甜苦辣……

　　1972 年,他出生于安徽宿州泗县,后迁入淮北。家境中等,父母虽学历不高,但对孩子的教育非常看重,父亲在淮北市区工作,母亲在家带着张龙兄弟俩读书。和天下所有父母一样,他们希望孩子努力学习,能学业有成,长大了有一个好的前程。张龙小时候就非常懂事,聪明好学,十分勤奋,品学兼优。很受老师的喜欢,父母也感到很欣慰。初中毕业的重点班招生时,由于被人顶替,没能进入县重点中学重点班。母亲知道后多次去学校找校长理论,几经周折,学校进行了补考,张龙终于考进重点班。看到母亲为他来回奔走,深切感受到学习机会多么的来之不易,学习便更加刻苦,想以加倍努力,以优异的成绩来回报父母。

　　年少时因父亲一直在淮北工作,只有节假日回来,他和父亲的交流不是很多。一天晚上,父子俩进行了一次彻夜长谈,一直不善言辞的父亲却语重心长地与他谈过去、现在、未来。交谈中张龙才真正了解到父亲工作的艰辛以及对自己深深的爱。父亲说："以后的学习和生活就全靠你自己，因为你已是成年人了，是个男子汉。今后无论遇到什么困难和打击都要坚持，不能轻言放弃。你的路才刚刚开始，以后要好好学习，好好做人，做好人，做对社会、对国家有用的人。"这次与父亲的谈心让他终生难忘，每当遇到挫折时就会想起。

1996 年，还一脸稚气的张龙只身来到深圳，来到香港，涉足于金融行业，也源于他对金融行业的热爱，有幸师从于香港许沂光先生，并学习他的理论和知识，受其影响较大。那时，他也特别崇拜美国投资家索罗斯及其理论。并在香港和深圳的投资公司工作，从而进入香港金融期货市场，来往于香港、深圳两地，并参与股票市场投资。

1997 年 7 月，索罗斯刚刚扫荡了整个东南亚金融市场后，开始对香港发动新一轮的进攻，从股市期市汇市号称"海陆空"攻击香港金融市场。香港金融管理局立即精心策划了一场反击战，通过一连串的反击措施，使索罗斯的香港征战损失惨重。据说，也是他为数不多的"败仗"之一。而恰恰在这场战役里，张龙有幸见证这一场的战役，审时度势，准确判断国际国内形势，帮助公司出手获益，初试牛刀，实战告捷。

2001 年 9 月 11 日，美国遭遇恐怖袭击。恰好前日张龙根据市场分析，通过多个账户布下空头进行操作，次日香港市场股指期货开盘低开 1100 点，一举收获超过 500 万元港币。

经过几次市场搏击，张龙认为自己对市场操作得心应手，自信满满。为自己年纪轻轻就在香港金融市场寻得一席之地而窃喜。可胜利的喜悦总是那么短暂，一年夏天，一次香港股市狂涨三天，他觉得市场涨了很多，然后做空交易，可是次日高开 800 点，造成重大亏损，一下将其打回了原形。虽说是吃一堑长一智，他却不以为然，锋芒不减，导致屡战屡败。由于年轻气盛，不够成熟，没有经验，为此付出了惨痛的代价。

2001 年，张龙一脸疲倦地回到中国市场，来到上海，先后与多家金融投资公司合作，负责管理、培训工作。2003 年，他在上海及合肥等地分别注册了多家投资咨询公司，以期货业务为主，并与期货公司进行业务合作。2003 年至 2008 年，他在网络上以"恒友"的网名进行培训讲课，开辟网上视频 VIP 课堂，讲授关于股票期货、实战操作、实盘讲解、带盘操作及证券投资等课程，培训人数达 5000 人次以上。同时，与多家期货公司及证券公司合作。

就在这个期间，也就是 2004 年，他认为美国原油会长期涨，于是他进行了操作。当时，正值元旦放假后的第一天，一开盘便封死跌停板，无法出逃，次日下午伺机出逃后而且连续两日跌停，他感觉很是幸运。谁知之后连续大涨很长时间，遗憾没能把

握住这次机会。他认为，还是自己心智不够成熟，知识不够全
面。因此，他加强自身专业学习，之前学习来源于香港经济大师
的指导和自学，买了很多相关的书，当时因国内行业相关书籍很
少，所有涉及期货交易方面的书都很难买到，由于英文版的看得
有些吃力，就托朋友从香港购买繁体版的书籍。自己在此行业管
理多年，朋友多、学生多，送出去的书也多，如《投资原理》《波
浪理论》《股票作手回忆录》等书购买超过几十本以上。他大量
阅读各门派的书籍，汲取精华，取长补短，受益匪浅。

就在他准备大显身手之时，上帝又和他开了个玩笑。问题出
在公司的操盘手，因其过错造成巨大损失。对于张龙来说，这一
打击是毁灭性的。他无奈地关掉了公司，停掉了所有业务，两手
空空地回到老家。十几年的奋斗和努力就像画了一个圆，又回到
了起点，他此时的心情可想而知。

在家乡的一段日子里，他想了很多，他想到父亲曾对他说的
话。"难道就这样倒下了吗，不能，决不能，那就不是我张龙！"
于是，他对自己这些年的成功与失败做了认真的剖析，总结经验
教训。通过几个月的深思熟虑，他决定东山再起，从头再来！

2012 年 6 月 15 日，他怀着创业之心，再次回到上海，雄心
勃勃，又一次踏上了创业之路。这一次，将建立更加稳健、更加
长久的发展模式。

浴火重生的他，少了轻狂，多了持重；少了言语，多了智慧。在上海亲自操盘，并创下在期货市场137笔连续不败的纪录。同时实盘指导客户在外汇市场每天十几笔交易，三周连续盈利，没有一笔亏损。很快，他就成立了上海启佑资产管理有限公司，并迅速积累了一些资金，自2013年公司成立以来所服务的客户没有一个亏损。之后他所做的一切努力，成就了启佑的快速和建设性发展……

重要时刻见真章，张龙深得"波浪大师"的真传，在波浪方面有自己独到的见解，于2001、2007、2016年，使用波浪理论及时准确地预测到股市三次超级大顶，并带领众多投资者在第一时间成功逃顶。2016年成立资管团队管理的激进型海外基金一年时间不到，纯盈利达到400%，虽然事过多年，回想起来，这些经历依然深刻地印在心里，历历在目。

回首二十年的风雨创业，有失有得，只有他自己最清楚。他说："学而不思则罔，当每日三省吾身。这些年我得到的经验就是'自省'二字，即永远要审视自己，透视自己的投资心态，检点自己的趋势判断是否客观，操作策略是否偏颇，总结反省自己的经验教训，提醒自己不要忘记胜利后所隐藏的凶险；当投资失败时，提醒自己从大局出发，选择摆脱困境的正确道路。要相信，控制力来自自省，自省产自忍耐思考。所以，忍者无敌！"

"二十年磨一剑"，张龙致力于打造一家顶级的金融公司，并且一直在为此努力，用自己的奉献精神和智慧为社会为行业做出自己的贡献。

启佑新的时代开始了，谋划建立的平台式发展模式，将带领和引导更多的人在金融市场扬帆启航！

十

百折不挠　向使命出发

——记上海衣辈子文化发展有限公司创始人兼CEO　陈志勇

"带着童年梦想离家远走，一路上的风雨充满坎坷，疲惫的旅途双腿已麻木，坚信前方有理想等候……纵然困难我依然执着，永远不向命运低头，其实人生就是和自己战斗……相信汗水它不会白流……"这是陈志勇最喜欢听的安徽籍励志歌手高逸峰的《永不低头》，也是他创业经历的真实写照。

成长、成才、成就、成功是一个阶梯，从成长的自然过程走向成熟，走向成才、成就和成功。这是一个难度不断增加的过程，一个经历曲折的过程，也是一个不断完善的过程……

陈志勇就是经过这样的历程完成了化茧成蝶的蜕变，成为"80后"创业者成功的典范，一位偶像与实力兼备的青年企业家。

成　长

1983 年，陈志勇出生于金寨县大山深处的花石乡大湾村陈家湾一个普通的农民家庭。陈家在村里是大户，爷爷曾读过几年私塾，在当地属于有文化的人，加之善良敦厚，为人正直，处事公道，被推选为陈姓家族族长。过年帮人家写对联，谁家有矛盾、邻里纠纷、红白喜事等大事小情，都少不了请他过去处理或张罗，他也是乐此不疲，甚至不请自到。因此在村里有着很高的威信，受人敬重。陈志勇记得有一年的冬天，村里有一户人家遭遇火灾，家中所有物件在火灾中焚烧殆尽，眼看着天气越来越冷，爷爷让妈妈给这家人送去一床棉被，还让爸爸从家里的米缸里铲出一袋米送过去，由于爷爷的带头作用，乡亲们纷纷施以援手，让这家受灾户度过寒冷的冬天。可是那年冬天，他家里晚饭总是吃玉米和红薯，爷爷说晚上不用干农活，所以也不用吃米饭。后来，他知道，那一袋米也是他们一家准备过冬的粮食，当他懂事后非常敬佩爷爷的行为。

陈志勇是家里的长孙，天资聪明，更是爷爷的宝贝，爷爷经常给他讲"天下古今之庸人，皆以一惰字致败，天下古今之才人，皆以傲字致败"的道理，也就是对于一般的人来说，没有什么才气，只有勤奋工作才能有收获，做事才能成功，所以不能"懒惰"。而那些有才聪明的人，不虚心好学，骄傲自大，也成不了事，也是容易失败。当时的陈志勇很懵懂，到后来，特别是创业艰难中对这个道理有着更深的理解。

　　小时候的陈志勇活泼好动，虽家里清贫，但他和妹妹无忧无虑，非常快乐。从小学至初中期间，学习成绩很好，可能是受爷爷和父亲的影响，具有独立个性、有主见、有担当、讲义气，经常把妈妈给他带的午饭分给同学们吃，加上性格温和，长得又帅，俨然成为同学们推崇的"孩子王"，一到星期天或放假便相互串门，同学之间感情很深。在学校一直担任班长或副班长，有着很强的责任感，主动帮老师把班上的事务管理得井井有条，因跟爷爷练习毛笔字，因此一直负责班上出黑板报的任务，在全校举行的文体活动或者比赛中，几乎每次都能获奖，深得老师的喜爱。

　　陈志勇家所在村在金寨马鬃岭大山里，被誉为华东最后一片原始森林，直到现在仍然是较为贫困的村子之一。在他小时候，那里山高路远，交通闭塞，很多村民冬天因没有衣服穿，不能出门，整天在屋里烤火，陈志勇记忆很深。加之该地区山高水寒，耕田较少，不适宜种植水稻，只能在山地里种些作物或者挖些草药卖钱维持生活。他记得小时候经常晚上没有米饭或吃些玉米，甚至一天只吃两顿饭，更没有油吃。自改革开放以后，村里很多人纷纷外出打工，陈志勇的叔叔也到上海务工，开始在工地上干活，后来承包一些小的工程，生活上得到很大改善，回家时穿得也比其他人体面，看起来很风光，令他很是羡慕，他向往着也能去上海看看。于是暑假里就跟着叔叔来到上海。

1999 年，16 岁的陈志勇初中毕业后，原本想跟随叔叔来上海玩玩，叔叔觉得暑假还长就给他找了份工作，在一家上海灿坤电器有限公司的台资企业做工人，公司主要生产电饭煲、电风扇之类的小家电。家乡有好多人在这个公司里做工，有很多熟人，特别是每月能拿 1000 元的工资，他感到非常高兴，要知道那个时候，在老家一个月能赚到这么多钱他想也不敢想过。于是他进入车间，成了生产流水线上的一名工人，每天干十四个小时的活也不觉得累。他非常勤奋，什么累活脏活抢着干，经过学习，他熟悉流水线上的每个岗位，当哪个岗位工人请假，他就会马上顶上去，深得车间领导的喜爱。他想通过好好努力也能当个班长、主任什么的，工资会更高点。于是当暑假结束时，他也不愿再回家上学了，从此离开了校园。

因为年纪太小，没有社会阅历，文化水平低，一直也没当上车间班长，更谈不上当车间主任。不过在厂里他认识了一个上海女孩，工作中结下深厚的感情，相处一段时间后确立了恋爱关系。因此，工厂的工作虽然辛苦，但还是感觉幸福和快乐。几年后，瓜熟蒂落，他带着女朋友回到老家并且结了婚。之后，小夫妻俩又回到上海，在嘉定黄渡镇上租了个门面，开了个杂货店维持生活。他想，两人都守在小店里不是长久之计，他决定趁着年轻学点技术，于是，他去技校学习了美容美发，两个月后在镇上又开了个美容美发店。因他帅气新潮，技术精湛，服务周到，生意十分红火。这时又有了孩子，生活较为安逸，与过去相比已是小有成就。

就这样日复一日的忙碌，他总感觉好像缺点什么，觉得过得很平庸，没有多大的发展。一天，一个在金山区打工的同学来他店里玩，说他在一家公司跑业务，收入还不错，看到同学穿着西装，打扮体面，工作自由，既能见世面，又能学到东西。他心动了，把店交给妻子管理，也出去找了一家做服装面料及印花业务的公司，底薪每月600元，之外按业绩再拿提成。可做了8个月，也没跑出业绩，眼看着做不下去了。这时，也在上海打工的同学来和他商量一起开公司，做乳酸菌饮料的销售，专门卖给酒店。一拍即合，他拿出5万元，与同学共同注册成立了公司，要知道这5万元是他夫妻俩几年才存下的，当初在工厂打工时下晚班连一碗面条、一瓶饮料都不舍得买，可以说是他所有的积蓄。可开公司远没有想象得那么简单，因为没有经验和充沛的流动资金，经营举步维艰，一年过去不但没赚到钱，还出现严重亏损，让他始料未及。他决定退出，经协商将股份全部转让给合伙人。就这样，他的第一次创业以失败告终。

2004年，他应聘到一家在杭州有名的祐康达美饮料公司驻上海分公司销售部做业务员，之前自己开公司时对饮料行业有些经验，公司对他也很是重视，月薪 5000 元，还提供食宿，令他喜出望外，分公司领导见他精明能干，很是赏识，两人还成了好朋友。可是好景不长，一年后，因上海业务开展得不好，总公司撤销了在上海的分公司，他再次面临失业。值得庆幸的是分公司经理给他提前发了三个月工资，还建议他找些建筑方面的公司去工作。因为当时上海房地产发展很快，去建筑业或者工程类公司工作相对好找，工资也高。听了经理的建议他非常感激，决定采纳他的意见，目光转向建筑行业。

2005 年，他从一位在西飞集团上海西航玻璃幕墙分公司做业务员的同学那里，收集到一些资料，学习了解建筑建材等方面的知识。之后，他到人才市场去应聘时，恰好也是西飞集团上海西航玻璃幕墙公司招人，他便顺利被聘进入该公司，做铝合金门窗的销售员。在此公司期间，他被安排负责一家客户业务，可是六个月过去，也没能中标。按公司规定，六个月内没有业绩的，开除。于是，他被公司开除了。

成　才

播种一个信念，收获的将是一个行动。后来，陈志勇就在互联网上投了自己的简历，同时又到人才市场寻找工作，应聘到在行业内影响很大的上海雅泰建筑材料公司做铝板等建材的销售工作。正在这时，浙江中南幕墙上海分公司，通过网络看到他投的简历，让他去面试并顺利通过。这样，同时被两家公司录用，让他不知所措。他也不知道哪家公司好，犹豫之后他决定，同时在这两家公司做业务员，因为做业务员不用每天去公司上班签到，干一段时间再做决定。那段时间，他在两家公司之间来回奔波，辛苦可想而知。两个月后他选择了实力雄厚、技术力量强大的浙江中南幕墙上海分公司。

这时，公司其他的业务员都将眼光放在上海市区，而陈志勇通过几年做业务的经验得出"久利之事勿为，众争之地勿往"的道理，坚定地瞄准嘉定区域即上海郊区市场，以避开市区市场的激烈竞争。事实正是如此，2006 年，花桥亚太广场商务区一期工程建成，陈志勇早就盯上这里，他向公司提交业务方案并得到大力支持。于是，他踌躇满志地进行着他的计划，当时他骑着摩托车，提着包，找到工程承建方准备洽谈幕墙工程。开始承建方见一个毛头小伙来跑这么大的工程项目不置可否，甚至没人搭理他。他倒是不在意，还是满腔热情的一趟趟地来。爱交朋友的他天生有着亲和力，通过一次次地接触，项目经理被他的执着所打动，慢慢地将他引荐给了副总经理、董事长。他抓住机会，不失时机地向他们提交了工程项目方案。而此时中南幕墙公司建立了一个团队，为陈志勇的方案提供了强有力的技术保证，全力以赴，并按对方要求进行了几十次的修改、补充、完善。

古人曰：天道酬勤、商道酬信、业道酬精、人道酬诚。通过五个月上百趟地奔波，终于有了收获，一举中标，拿下亚太广场一期1750万元的幕墙工程。中标的当天，对方董事长拍拍陈志勇的肩膀，笑着说："小伙子，跑得值啊。"该项目的中标，占公司本地区全年总业务的20%，也让他在公司稳定了下来，结束了一直漂泊打工的状态。

对于这次的成功中标在欣喜之余他进行了总结，看似偶然，实则必然。成功来自于公司强大的后盾和保障，更重要的是自己锲而不舍的努力，因为之前几次做业务失败的经验告诉他必须坚持，决不放弃。这时，他才真正理解"失败是成功之母"的道理。

俗话说万事开头难，有了第一次的经验和积累，为以后的工作打下了良好的基础。接着亚太广场第二期、第三期所有室内外装修项目仍由他负责追踪，且全部相继顺利中标，仅亚太广场项目工程额就达近两个亿；同时还谈成了江苏天天国际会展的内外装修工程项目，在这个项目的投标中，他以良好的口碑，周到的服务，过硬的工程质量，公司的知名度及技术等优势，从众多竞争投标者中脱颖而出。紧接着江苏太平洋大厦、安徽六安皖西宾馆等项目相继顺利中标。更有江苏银行慕名而来，要求做其内外装修工程，五年里，他为公司创额达4亿多元，他自己更是在业内享有盛名。

正当他在公司备受推崇，工作顺风顺水之时，因一亲戚参与承包的工程质量不能达标，不能按时验收，不仅给公司带来了损失，还影响到公司的形象。为了减少对公司的影响，他毅然辞去公司副总经理职务，且放弃了50多万元的业务提成。

他说："诚信，不仅是一种品行，更是一种责任；不仅是一种道义，更是一种准则；不仅是一种声誉，更是一种资源。诚信是高尚的人格力量，于企业而言，诚信是宝贵的无形资产。在这个公司里我得以成长，成就我的梦想，因此我更知道感恩与责任的担当。"

成　　就

2010年，从中南幕墙公司出来以后，陈志勇应邀到了上海玻璃幕墙公司，担任销售总监，他一年里为公司签下两份订单，工程总额达5000万元。工作中他发觉这个公司实力不够，工程质量不能得到保证。一年后，上海东江集团通过朋友找到他，想与他合作。他通过了解，得知上海东江集团是以建筑设计、建筑装饰、建筑幕墙、建筑园林、房地产开发为龙头的大型企业，曾完成的上海科技馆幕墙工程、上海八万人体育场幕墙等工程获国家"鲁班奖"以及上海市建筑最高奖"白玉兰"奖，在业内享有盛誉。鉴于是与这样的公司合作，这次，陈志勇决定以工程全额承包的形式，自负盈亏。他组建了自己的团队，成立销售部，与东江公司签订合同。至 2015 年，四年里工程营业额达两亿多元。2015 年年底他与西飞中航等四个股东牵手斥资 1800 万元收购了凯澳幕墙公司 100% 股权，成立中企凯澳，陈志勇被董事会任命为公司总经理，并负责江苏区域的工程业务。

自 2005 年始，在他从事建筑业工作期间，他相继投资了 5 家连锁服装专卖店，每年的利润 30 万元左右。同时又在嘉定区域包括乐购等商业高密集区投资开了 6 家连锁麻辣汤餐饮店，年利润也在 100 万元以上。直到他在东江公司承包工程期间，因承包工程需要筹集大量资金而先后将股权转让。

2015 年 5 月，他投入 200 万元，以 60% 的股份与一朋友再次投资一家餐饮店，聘请专业团队进行商业策划，旨在打造拼桌文化、交友文化平台的餐饮品牌。因工作忙全权交给朋友打理，但等待开业时，因房产证存在问题，牵涉有违章建筑，造成不能开门营业，200 万元投资也一去不回。

2015 年，虽然又经历了一次失败，但也是他实现人生重大转折的一年。陈志勇多年来，参与嘉定区多项重大建设工程，为嘉定地区的快速发展作出了一定的贡献，并加入了中国国民革命委员会（以下简称"民革"），成为一名正式民革党员。

结出硕果

特别是 2015 年年底，他作为民革党员代表参加嘉定区政协会议，会上嘉定区政府的议案讨论中提出，要重点打造安亭生物高科技项目，以造福人类健康事业。并在这次会上接触到细胞治疗工程技术项目。通过深入了解，他眼界大开，学习理解"优渥人生需要未雨绸缪，人的健康管理需要及早干预进行"的理念，以及该项目对人类健康的重大意义。他决定参与投资，加盟上海细胞治疗工程技术研究中心有限公司，并被授权成立了上海细胞中心集团营运中心 & 有 1 健康，负责市场运营工作。于是，他在与他有着深厚感情的亚太广场 5 号楼租了 1000 平方米的甲级商务楼作为办公场所并进行了装修，满怀热血地投入到这一人类健康事业中。

上海细胞治疗工程技术研究中心有限公司，是上海市科委批准建立的市级工程技术研究中心，中心总部占地 55 亩，位于上海市嘉定区。中心下设上海细胞治疗研究院、细胞治疗生产中心、细胞储存库、上海吴孟超肿瘤医学中心、上海白泽医学检验所、上海白泽细胞医疗美容中心、上海白泽医疗器械有限公司，业务包括细胞治疗、细胞冻存、基因检测、医疗大数据等，建立国内顶尖、国际一流的，集生产、治疗及研发于一体的国际性细胞治疗中心。

公司旗下的上海细胞治疗研究院，是在上海细胞治疗工程技术研究中心的基础上，进一步联合第二军医大学、复旦大学、上海交通大学、同济大学及中科院上海生命科学院等单位，汇集细胞治疗研发领域顶尖实验室及精英人才，发起并成立的非营利独立法人机构，是上海市唯一一家细胞治疗领域内研究院。以创新技术、造福于民，共同打造以人类健康事业为核心价值观，以锻细胞治疗之剑，铺癌症征服之路，致力于建立集细胞治疗、研发、生产与保存为一体的国际一流的细胞治疗中心及癌症治疗中心。

公司承诺 10 年内癌症治愈率达 60％。2016 年 3 月 27 日，中国人寿上海分公司携手上海细胞治疗集团联合在浦东新河湾酒店召开发布会，推出"I 健康免疫细胞保障计划"，以"拥抱健康，爱有保障"为主题，创建全国唯一癌症险种，并为参加该计划的客户提供医学治疗和经济上的双重保障。

这项工程得到联想集团等大型上市企业的联合投资，现已进行 B 轮融资，总公司届时将对陈志勇的大健康中心实行收购或并购，目标在主板上市，目前，每天都有来自全国各地各界人士，到大健康中心进行检查和储存血液。

　　现在的陈志勇实现两手抓，一手抓中企凯澳建筑幕墙公司，这边已有成熟的管理团队，保持着良性的发展，每年正常有 1.5亿的营业额，争取在三年内在新三板挂牌上市；另一手，也就像他自己所说的，是他一生真正的事业，他将以更大的精力投入到这项造福人类健康的伟大事业中，配合上海细胞治疗工程技术研究中心，早日在主板上市。

　　都说一个成功的男人背后会有一个成功的女人支持，对于陈志勇而言也不例外，他与爱人相识、相知、相爱，不离不弃，在家侍奉老小，倾力支持他的事业。除了家庭以外，陈志勇认为他的成功还来自于朋友的支持，他一路走来，经历过无数次失败，跌倒后再爬起来，且越挫越勇，永不言败，每一次都得益于周围朋友的鼓励和支持。他爱交朋友，用真诚对待朋友，可以说朋友是他生命中的一部分，他懂得感恩，感谢每个帮助过他的人，甚至对曾经开除他的老板，他也是以德报怨，牵手合作。

　　一路走来，他历尽坎坷，在做人做事中他领悟到一个道理，他认为："无论是家庭，还是事业，你都是要同人打交道，所以'为人处世'就显得尤为重要。'人是一切社会关系的总和'。特别是在企业发展中，企业的'企'字可以解释为企业始于人止于人，可见人对企业来说是第一要素。财散人聚，财聚人散，有舍才有得，这才是成熟的标志。"他记得当初第一次进公司做业务员时，连电脑都不会开，他虚心学习，并在朋友同事们的帮助下一天天进步，现在已从上海交大金融总裁班毕业，又参加浙商实业集团教育学院学习，专攻企业管理。可以说他是在学习中成长，从成长中走向成熟，从成熟中迈向成功。因此，他认为，他的成功来自于朋友，来自于社会和国家的给予。

虽然，现在他全家早已落户上海，安居乐业。但是，他从未忘记他是来自大别山金寨的儿子，养育他的家乡山水让他魂牵梦萦。特别是2016年4月份，习近平总书记到金寨考察指导扶贫工作，而且到了他家所在的大湾村，该消息让他无比激动，心潮难平。他知道，他的家乡还有很多贫困户至今未能脱贫，作为一个从那里走出来的创业者，一个年轻的企业家，回报家乡是他应尽的职责和义务。接下来，他正准备行动起来，成立救助基金，为家乡扶贫工作作出一份贡献。事实上，多年来，他一直热心于社会公益慈善事业，作为上海安徽商会副会长，多次参加义卖活动以及组织开展为家乡贫困学生、困难家庭捐款活动。在2015年12月31日嘉定区民革举办的反法西斯战争胜利70周年纪念活动暨慈善义卖中，陈志勇以25000元拍得两个革命胜利纪念茶壶，以支持爱心公益事业，彰显了一个企业家承担社会责任的正能量。

陈志勇，虽然年轻，却有着追求宁静致远的心境，勤于思考，善于把握机会，平时业余时间爱好看书、运动、交友、旅游、书法。他特别欣赏马云的一段话："对所有的企业者来说，永远告诉自己一句话：从创业的第一天起，你每天面对的都是困难和失败，而不是成功，任何困难必须自己去面对。今天很残酷，明天更残酷，后天很美好，只有真正的英雄才能坚持见到后天的太阳。"

他说："人生在事业道路上的追求只有起点，没有终点，像树一样每天向上成长。我又踏上了新的征程，置身于人类健康的大爱事业。我的价值观是：健康是 1，金钱、房子、车子、权利、家庭……都是 0，我们千万不能让 1 倒下。有 1 就有健康，有健康才有未来！"

十一　建设幸福企业　构建和谐社会

——记国际幸福联合会发起人、国际幸福论坛秘书长　陆天成

　　幸福，是人类孜孜以求的崇高目标。人类追逐财富、权力，向往自由、平等，要求公平、正义，遵守道德、法律，虔诚理想、信仰，说到底都是为了幸福。幸福是人类的最高价值，人类的历史就是追求幸福的历史。因此，英国哲学家休谟说："人类的一切努力都是为了幸福。"

少年初长成

"我不仅是父母的儿子，更是世界的儿子，人民的儿子"，这是陆天成上初中时在笔记本上写下的词句，也是他立志奉献自己、服务社会的人生写照。心忧天下，敢为人先，少年壮志。春来秋往，十五年的孜孜追求，他以大爱之心践行着铮铮誓言。

陆天成，1978 年出生于江南水乡池州。自幼得益于父亲的影响和教育，因此，他对父亲除了尊敬还有崇拜。他父亲 1969 年入伍，70 年代入党，近十年的军旅生涯，荣立过两次二等功，放弃优厚的待遇，坚持回乡务农，并发扬优秀党员和军人作风自力更生，一心为公，属于当代雷锋、焦裕禄式的人物。父亲自幼天资聪颖，但因兄妹众多，家庭困难，老师家访几次动员家里让他上学，而他却用幼小的身躯承担起大家庭的重任。虽然在校学习的日子累计不超过一年，但通过自学掌握很多知识。在部队时他父亲便自学成才，自学木工（甚至要具备高中的立体几何知识）、建筑、水电、农业科技，退伍后曾自学并带领村民进行各类果树、菌菇等种植，是乡里远近闻名的"能人"。而且写得一手好字，特别是春节前，远近乡邻让父亲写春联更是络绎不绝。

受父亲的影响，陆天成从小就喜欢看书，特别是有图画的小人书、旧报纸，都让他爱不释手，甚至把别人厕所里当手纸用的没头没尾、缺章少页的旧书视为珍宝，带回家里看。初中时，陆天成酷爱地理、历史、哲学、古典诗词文学等，也开始写些文字、诗歌。他曾在笔记本上写下"我不仅是父母的儿子，更是世界的儿子，人民的儿子"，渴望将来像父亲那样为社会做服务和贡献；高中时，他进行过一些创作，就开始游历社会，经常写文字投稿，特别崇尚"面朝大海，春暖花开"的意境和诗意，倾心于哲学、历史、地理等方面的钻研，经常看书时感觉身临其境，意境中与历史人物进行对话，被朋友们视为"书痴"。

大学期间，他常常游览各大院校、名山大川，与同学、老师、教授们畅谈人生、理想与未来，写下被老师和同学认为"不切实际、好高骛远"的"促进宇宙文明进步，世界和平发展，人民幸福安康"的誓言。

初心不改，为善从商

《华严经》里说："不忘初心，方得始终"，意思是说只有坚守自己的本心和最初的信念，才能成就心愿，功德圆满。初心为人们指明了努力的方向，提供了前进的动力，更提醒人们在迷茫彷徨时不要忘了来时的路，不要忘了为什么出发。

大学毕业后的最初几年，陆天成在实现自己人生使命与积极投身于服务社会事业的矛盾中徘徊。2004 年年初，他决定全身心投入服务社会的慈善、公益、环保事业中，从上海辗转到深圳再到北京。2005 年 5 月，他想在北京国家级公益机构和基金会全职做公益，可因当时社会认知环境和自身经济原因心有余而力不足。当年 7 月 25 日，他在参与中央电视台二套《健康之路》一期公益教育节目后，回到上海一边工作一边做公益服务。

回上海工作不久，正在他开始履行家庭责任时，也就是 2006 年，他尊敬的父亲突然因病离世，让他深刻感受到"树欲静而风不止，子欲养而亲不待"的遗憾。他这时才感悟"家庭和睦兴旺"的重要性，即完善成"促进宇宙文明进步，世界和平发展，人民幸福安康，家庭和睦兴旺"。

自此，陆天成以"积极进取、建功立业、服务社会"为己任，立足国际金融大都市上海，凭借大学的金融专业，在地产、金融等行业迅速成长和发展，并于 2009、2010 年在上海某财经频道做了两年节目嘉宾。在当时所谓"货币战争""金融阴谋论"甚嚣尘上及次贷危机持续发酵之时，决心放弃纯粹的金融工具转而用财商和金融理念去服务实体和社会，遵循"实业是根本，金融是血液，文化是灵魂"的理念，相继成立实业公司、投资公司和文化公司，旨在连接资本、社会组织、企业家等，把企业作为修行的道场，积极为实现"促进宇宙文明进步，世界和平发展，人民幸福安康，家庭和睦兴旺"而努力奋斗。

真我、真爱、真幸福

十五年风雨兼程，岁月蹉跎。漫漫旅程与创业之路，上下求索。2013 年年底，他置家人、亲友、股东质疑于不顾，而力排众议全力支持旗下一企业家会员俱乐部的大健康项目，从其濒临破产到积极规划、梳理、投资入股、发行基金、引进股东、引荐资源项目和资本，使公司一步步走上正轨。但好景不长，在巨大商业利益面前，他不得不在上市公司控股收购之前退出。痛心之余，他在困惑中开始重新思考企业和人生的真正使命、目的和意义。

"我是谁，我从哪里来，我要到哪里去"的人生终极三问再次叩问他的内心。这时，他想到办公室书架上放置很久的一本书《博伽梵歌》。2015 年 7 月，他用近一个月时间看完，感觉豁然开朗，这部对现代生活充满启迪的古老经典，阐述了人、自然与真理之间的关系，5000 多年过去了，克里希纳的话语所包含的智慧曾给予千百万人战胜各种问题和困难的力量，这也是伴随甘地一生的一本书。

通过学习，他那颗渴望获得平静和喜悦的心，藉由古老的智慧，认清自我在宇宙中的位置，把自我与宇宙更高的智慧联系起来，有所顿悟。自此开始，他的人生发生前所未有的战略转型，真正认识自我，找到真我，感受真爱，认清实现真正的幸福人生的意义、方法和途径。

自 2016 年以来，陆天成积极走访和联络与幸福话题相关的机构、组织和人物，联合仁人志士致力于"传播幸福智慧，共建幸福社会，共享幸福人生"的幸福事业。成立国际幸福联合会，发起国际幸福论坛，筹备发起幸福研究会和幸福中国联盟，联合热衷于从事公益、慈善、环保、教育、医疗、养老等公益事业人士，共同搭建一个更紧密而广阔的公益交流平台。

2016 年 7 月 16 日，"正和岛"安徽赈灾慰问团带着价值约 10 万元的医疗器械抵达赈灾地区——安徽革命老区六安市，在持续一个星期的赈灾活动中，将岛亲们的关心和温暖传递给了灾民，并和灾区群众一起众志成城，重建家园，谱写了一曲"洪水无情人间有爱，正和岛亲同甘共苦"的壮丽篇章……

目前，陆天成正带领"正和岛幸福部落"秘书处筹备加盟更广阔的公益平台——国际幸福联合会，得到众多热心岛亲的认可和大力支持，幸福部落即将成为部落群星中又一颗璀璨的明珠。

"国家繁荣昌盛，人民幸福安康"是中国梦，也是每一个华夏儿女的梦，更是陆天成人生所追求的梦。他正以饱满的热情与众多志同道合的企业家们一起投入"建设幸福企业，构建和谐社会"的伟大事业中。

后　记

做企业家难，写企业家也不容易。

对本书描写的 11 位徽商企业家来说，最困难的是和他们约定访谈时间，因为这些企业家正在经历着自己人生旅程中最精彩的时刻，所以即使在难得的采访中，也会时不时被繁忙的业务所打断。而同样困难的是，如何将这群企业家刻画得栩栩如生、淋漓尽致。所幸，经过整个团队两年多的努力，我们基本达到了"既见高度又接地气"的初衷。

本书主要从新时代、新徽商、新风采三个层面展现沪上新徽商的创业精神和新时代的创业梦想、企业家的社会担当与使命、耳濡目染的家风家教传承，等等。

冰心说过，成功的花，人们只惊羡她现时的明艳。然而当初她的芽儿，浸透了奋斗的泪泉，洒遍了牺牲的血雨。

对本书描述的 11 位企业家来说，又何尝不是如此呢？

他们中有独居行业领袖、有位居行业领军、有领居行业新秀等，其奋斗历程独具特质，其创新理念超越领先，只有细细品读才能触碰到他们情感深处的思想，只有慢慢领悟才能认知到他们精神层面的梦想。

杨海的梦想诞生于"铁饭碗"的严父管教家庭中，当他超越梦想之后，发现自己收获的是人生的境界和志远；徐力的梦想是走出大山、改变贫困家庭生活，让父母和兄弟姐妹过上好日子，当他成功后，发现自己收获了超越物质财富的社会担当；无钱进大学校门的徐济长，身无分文、无亲无故独闯上海，梦想和三个妹妹有学上、让承受生活之艰辛的父母吃饱穿暖享福，结果他收获的是品质、自信、感恩和奉献之心；史一松跌宕起伏的传奇命运，从白手起家到"亿元负翁"，再绝地重生，义不容辞地承担起改变更多人命运并实现了他们的创业梦想；17 岁的郑霄从繁重的田间地头走出来，在大上海几经周折后与养老产业结缘，收获满满的爱心和沉甸甸的责任；几经沉浮，终乘风破浪、站立潮头的张龙，成为新时代金融市场的弄潮儿，其奉献精神和智慧为社会为行业所贡献；80 后的孙海牧、李涛、陈志勇等徽商新秀，坚信机会是留给有准备的人，他们胸怀大志，勇闯商海，一举成功，坐拥人生最宝贵的创业梦想；陆天成从少年追梦，初心不改，为善从商，开辟了一条传播幸福智慧，共建幸福社会，共享幸福人生的公益之路；史支焱在斑斓五彩的世界里，坚毅果敢，注入活力为满足人民日益增长的美好文化生活需求领跑启航。

中央电视台一套曾播出过一部电视剧——《新安家族》，这是一部不可多得的、全面深度反映徽商的佳作。我对剧中如下描绘徽商的品质记忆深刻——斯商：不以见利为利，以诚为利；斯业：不以富贵为贵，以和为贵；斯买：不以压价为价，以衡为价；斯卖：不以赚赢为赢，以信为赢；斯货：不以奇货为货，以需为货；斯财：不以剑财为财，以均为财；斯诺：不以答为答，以真为答。

我认为这也是新时代的徽商精神和徽商文化。未来我们将继续续写徽商人物的时代风采，为丰富完善徽商典籍宝库服务。

李善敏

2018 年 8 月

责任编辑：邓创业

文字编辑：王　森

封面设计：胡欣欣

责任校对：史伟伟

图书在版编目（CIP）数据

沪上徽商访谈录 / 李善敏　主编 . —北京：人民出版社，2018.1

ISBN 978 - 7 - 01 - 019666 - 4

I. ①沪…　 II. ①李…　 III. ①徽商 - 访问记 - 上海 - 现代　 IV. ① K825.38

中国版本图书馆 CIP 数据核字（2018）第 189112 号

沪上徽商访谈录

HUSHANG HUISHANG FANGTANLU

李善敏　主编

人民出版社 出版发行

（100706　北京市东城区隆福寺街 99 号）

环球东方（北京）印务有限公司印刷　新华书店经销

2018 年 1 月第 1 版　2018 年 1 月北京第 1 次印刷

开本：710 毫米 ×1000 毫米 1/16　印张：13.75

字数：140 千字

ISBN 978 - 7 - 01 - 019666 - 4　定价：48.00 元

邮购地址 100706　北京市东城区隆福寺街 99 号

人民东方图书销售中心　电话（010）65250042　65289539